从零开始读懂
投资理财学

邓琼芳 ◎ 编著

云南出版集团
云南美术出版社

图书在版编目（CIP）数据

从零开始读懂投资理财学 / 邓琼芳编著 . —昆明：云南美术出版社，2020.6
ISBN 978-7-5489-4075-3

Ⅰ.①从… Ⅱ.①邓… Ⅲ.①投资—通俗读物 Ⅳ.① F830.59-49

中国版本图书馆 CIP 数据核字 (2020) 第 087216 号

出 版 人：李维　刘大伟
责任编辑：钱怡
责任校对：汤彦　李艳

从零开始读懂投资理财学
邓琼芳 编著

出版发行：	云南出版集团
	云南美术出版社
社　　址：	昆明市环城西路 609 号（电话：0871-64193399）
印　　刷：	永清县晔盛亚胶印有限公司
开　　本：	880mm×1230mm 1/32
印　　张：	7
版　　次：	2020 年 7 月第 1 版
印　　次：	2020 年 7 月第 1 次印刷
书　　号：	ISBN 978-7-5489-4075-3
定　　价：	38.00 元

前　言

　　人人都渴望财富，然而，很多人在追求财富的路上都不得其法。他们叹息自己没有绝佳的财运，不能像那些幸运儿一样，抬抬手就有收获财富的契机；他们感叹自己没有灵活的头脑，不能像那些经商天才们一样，随随便便就能将赚钱的法子信手拈来。他们甚至抱怨过命运的不公，抱怨过现实的艰难，却从来没有想过去改变自己——

　　改变自己的理财观念，树立正确的理财观；

　　改变自己的财务状况，彻底摆脱"月光"的恶习；

　　改变自己的理财习惯，重新优化资产的配置；

　　改变自己的消费习惯，从"买得贵"变成"买得对"；

　　让储蓄变成一种本能，存款也能利益最大化；

　　让基金来创造收益，踏上投资理财的新起点；

　　让保险保驾护航，实现360度全方位风险防范；

　　将股票握在手里，风险中淘出大收益；

　　将黄金带在身上，让资产实现稳定增值；

　　再到互联网上赶赶时髦，掌握金融时代的新契机……

　　瞧——财富不就是这样一点点积累，一点点增长起来的吗？你贫穷，不是因为你运气太差，也不是因为你头脑不好使，更不是什么命运、现实的错，你之所以贫穷，只是因为你根本不了解财富究竟是如何被创造的，钱到底是怎么来的。

致富最基本的途径有两个：一是出售自己的脑力与体力，帮别人干活来获得报酬；二是"利用钱来生钱"，用投资理财实现资产增值。

在这个世界上，单纯通过出售自己的脑力与体力来实现致富，是一件极为困难的事情，毕竟无论脑力还是体力，都是有限的，而生活成本只会随着社会的发展越来越高。要想真正摆脱贫穷，我们唯一的选择就是利用"钱生钱"来实现资产的增值。这一点在今天几乎已经成为一种共识了。就连股神巴菲特先生也说过："一生能够累积多少财富，不取决于你能够赚多少钱，而取决于你如何进行投资理财。"

生活中热衷于投资理财的人不在少数，但真正懂投资理财的人却不多。很多人做投资理财其实都很盲目，通常是听别人说什么能赚钱，就跟风去做什么，结果，贸贸然把钱投入资本市场，却跟跟跄跄地败下阵来。末了大约还要感叹一句，自己真不是"这块料！"

投资理财不是一时冲动，也不是投机取巧，它是一门科学的学科，涉及许多方面的知识。想要真正做好投资理财，我们就要去学习、去了解，明白投资的本质是什么，明确理财的目的是什么，最终找到一套真正适合自己的投资理财方法。

如果你想改变命运，如果你想积累财富，如果你想让自己的生活变得越来越好，那么就从投资理财开始吧。本书将会教你从零开始读懂投资理财学，从帮助你树立正确的理财意识开始，到手把手教你认识储蓄、基金、股票、保险、黄金，让不懂投资理财的你一步步变成投资高手。

现在，改变命运的机会已在眼前，通达财路的帮手也已准备就绪，你需要做的，就是以足够的耐心与毅力，跟随本书，循序渐进并持之以恒，在财富的道路上稳步前行！

目 录

第1课　账户里有多少银子，取决于你的"理财观"

30年后，你能不能养得起自己 ·· 003

发财别指望财运，多动脑筋 ·· 007

正因为没钱，才更应该投资理财 ···································· 011

有钱再说？恐怕就没这个机会了！ ································ 016

摆脱"心魔"，理财就要从现在开始 ······························ 020

第2课　一到月底就犯愁，如何实现财务自由

你生活的压力，源于没有财务统筹能力 ························· 027

钱都败光了，还拿什么赢未来 ······································ 031

时刻关注你的现金流量表 ·· 035

工资保障温饱，投资让生活更好·····················039

从"月光"青年到财富在线，只需一场观念转变···········043

第3课　一个人理财已很难，婚后二人世界怎么办

低成本婚礼，一样可以很"高端"·····················051

钱往一处花，才能让家庭财富最优化···················055

给孩子一份保险，给家庭多一份保障···················059

丁克家庭：务必给未来留条后路······················063

小心！家庭理财的误区····························067

第4课　会挣钱只是本事，会花钱才是大事

奢侈品，就一定很有品位吗·························075

又"××节"了！怎样聪明地"买买买"················079

超市购物，这样做你就赚了·························083

世界那么大，没钱也能去看看·······················087

消费信贷：先花未来钱····························091

第5课　技巧性储蓄，存款也能获取最大化收益

节俭与储蓄，是以钱生钱的前提······················099

怎样存钱，才能保证利息最大化······················103

自动划转，让储蓄业务变得简单······108
储蓄方法哪种最好？合适就好······111

第6课 理财技巧不熟？
——适合"菜鸟"投资的基金定投

基金投资，优势在哪里······119
新手做定投，先把规则摸清······122
关键五步，掌握基金投资门路······126
基金不仅要会买，更要精通怎么卖······131

第7课 做自己的保险代言人

保险理赔难？教你如何"无缝对接"······137
社保已上全，是否还要购买商业险······141
不同年龄段，购买哪类保险最合适······145
投资型保险，保障与投资齐头并进······149
怎样买保险，才算真"保险"······153

第8课 股市"熊出没"，一样可以大有收获

不明白股市，就不要轻易下海······161
选出好股票，其实有妙招······164

科学判断，抓住股票的最佳买入时机……………………168

卖出股票的最佳时机，你发现了吗……………………172

身处熊市，如何降低自己的损失…………………………177

第9课　做好黄金投资，资产稳定增值

哪种黄金投资，对你来说更适合…………………………185

黄金投资必须遵循的"黄金法则"…………………………190

黄金价格浮动，是谁在左右………………………………193

怎样投资实物黄金，才能赚多赔少………………………197

第10课　互联网理财投资，金融时代的新契机

P2P借贷投资的全方位解析………………………………205

中国式众筹，全新投资模式………………………………210

第 1 课 账户里有多少银子，取决于你的"理财观"

你的账户里有多少钱，并不是取决于你能赚多少钱，而是取决于你是否具有"理财观"，能不能将你的资产进行合理的配置，让收入与支出在达成平衡之余，最大限度地聚拢财富。

想发财靠的不是运气，是脑子。不懂算计和筹谋，即使能够一时风光，也只是昙花一现。

30年后，你能不能养得起自己

一提及关于养老的话题，很多年轻人可能都会说："哎呀，那么遥远的事情，有什么可想的？而且单位不是有养老退休金吗？再说了，年纪大了以后生活就会变得简单，没有什么社交活动，消费也会变得很低，不用总惦记着赶时髦、买新款的衣服鞋子、电子产品，根本花不了什么钱。所以，买了社保，以后领养老金不就好了，担心那么多干什么呢？"

真的是这样吗？恐怕现实不会像你想象中那样美好。对于年轻人来说，"老年"似乎是一件太过遥远的事情，要想真正做到感同身受地去理解"老年"生活几乎是不可能的，更别说自主自发地开始为几十年后的养老问题去攒钱了。

但有一个问题我们可以先思考一下：在你退休之后，你希望自己的生活水平维持不变还是下降几个档次？如果你选择后者，那么没关系，你可以继续随心所欲地生活、消费，把未来寄托在微薄的养老金上；但如果你选择前者，那么就该认真地规划一下你的未来了，别等到30年后养不起自己了才开始后悔。

有人做过一项计算，以我国社保体系较为发达的地区为例，按照目前养老金的提出比例，在未来社会平均工资稳定上升的大前提下，个人收入越高，退休以后所获得的养老金所能达到退休前收入的比例就越低，一般而言大概只能占到1/3左右，而对于高收入人士来说，这一比例还要更低一些。

这其实不难理解，通常来说，社会保障体系所能提供的，只是最基本的生活保障，这一点对所有人都是一样的，即便现在的养老金分为几个不同的档次，但每个档次之间的差距实际上不会太大。也就是说，你所从事的工作收入越高，那么在退休之后，想要维持现有的生活水平，你的养老金就越不够用。

王女士38岁，在一家大型企业担任部门主管的职位，每月税后工资能达到1万元左右，如无特殊情况，除去各项开销，可以节余5000元左右。按照这一情况计算，到退休的时候，王女士大概至少可以存下100万元。

这个数字听上去似乎并不算少，但王女士却并未觉得安心，相反，她已经开始担心自己未来的养老问题了。因为她常常听到那些已经退休的老上司向她抱怨："就那点退休金，也只够吃饭的，以往的储蓄根本就不敢乱动，生怕生活出现什么意外，没有钱来应急。唉，这钱啊，看着不少，用起来才知道，真的不多。早知道啊，就应该在年轻的时候多打算打算，也不至于让自己退休以后过得紧紧巴巴。"

这些抱怨让王女士对未来的退休生活担忧不已，同时也让她开始了未雨绸缪。在同事的建议下，她购买了一份养老保险，并开始理财。王女士又从自己的积蓄中拿出一部分买了一套房产，她认为，相比其他投资来说，房产是比较保值的，因为房产是实物资产，可以更好地规避通货膨胀带来的风险。虽然房价也会有所波动，但从长远来看，土地资源越来越稀缺，房产价值的总趋势依然会一路走高。不管怎么说，投资房产的回报率必然比直接把钱放在银行要高得多。此外，王女士还通过咨询个人理财师，对自己剩余的积蓄进行了合理的投资组合，以期能实现回报率最大化。

经过调整之后，王女士的投资组合回报率大概控制在20%左右，不出意外的话，以这样的速度发展下去，等到王女士退休的时候，也就不用再为养老问题发愁了。

王女士的理财决策可以说是非常英明的，要知道，随着我国国民人均预期寿命的延长，未来几十年内，就业人口所占总人口的比例将会不断减少，这将直接导致政府能够提供的养老财务支撑能力下降，而支取退休金的人口比例将会持续上升。这就意味着，在30年后，我们所能获得的退休金的比例甚至可能比预期还要更低，完全将养老问题寄托于退休金，显然是非常不可取的。

一位理财师做过这样一项计算：一个普通人，如果按照60岁退休，活到80岁的标准计算，退休后的养老生活还有20年。在这20年间，如果要维持中国白领的生活水平标准，那么大概需要300万元。而且，在此期间，如果不做任何投资，那么很可能不到15

年，这300万元就会花光。如果再考虑通货膨胀等问题，那么这个时间还将更短。而且，这还不包括期间可能发生的需要应急的大笔支出，比如重病或意外等状况。

如何？感觉到压力了吗？看到这里，你还能潇洒地说出"反正有养老金"这样的话吗？好了，既然已经了解到问题的严重性，那么就该好好想想如何去解决问题，如何确保自己可以在30年后"安度晚年"了。

既然养老金并不足以支撑我们养老，那么为了维持现有的生活水平，我们就不得不想办法尽早地为自己多积累一些资本。要做到这一点，归根结底有两条路可走：一是发财，二是理财。发财人人都想，但这事不仅得看脑子，还得看运气，不是所有人都能做到。所以，对于普通人来说，理财才是解决问题最稳定且靠谱的办法。

理财要趁早，时间越多，压力越小。早一点给自己树立起科学的理财观，为自己的退休养老做计划，我们就能早一步规避风险，让未来多一重保障。所以，别总想着自己还年轻，只顾享受现在而不懂规划未来。请记住，30年后的你过怎样的生活，取决于现在的你有怎样的理财规划。

第1课 账户里有多少银子，取决于你的"理财观"

发财别指望财运，多动脑筋

很多做生意或者做投资的人往往都很迷信，号码偏爱"6"和"8"，说话最不喜欢提"书"和"跌"，没事还要研究研究风水，四处捣鼓一通。仿佛只要做好了"仪式"，就能让自己财运亨通。但是，发财真的能指望"财运"吗？

有人说，现在是信息时代，信息就是最值钱的资本，只要掌握了信息就能发财。不可否认，在一切的投资活动中，信息确实有着非常重要的价值，在现实生活中，有很多人也都是凭借着比别人更先一步掌握信息而占尽先机的。然而，将信息变现并不是一件容易的事，尤其是对于普通人而言，往往很难掌握一手信息，而且对于信息真假的判断也十分艰难。可以说，想要凭借信息变现来发财，对于普通人而言，其实和买彩票也差不多了。

还有人说，能不能发财，归根结底还得看智商，智商够高，脑子够灵活，想做什么做不成？可如果真是这样，那么发现了万有引力的大科学家牛顿想必一定是投资活动中的"常胜将军"了吧？然而事实却并非如此，牛顿在炒股时可是栽过大跟头的，他曾因购买著名的南海公司股票而亏损两万英镑，并在事后哀叹道："我能计算天体的轨迹，却无法预测人性的疯狂。"

那么，这样看来，想要发财，莫非真的就只能看运气了吗？如果你这样想，那么抱歉，恐怕这一辈子你都与"发财"二字无缘了。

首先要明确一点，无论做任何事情，运气的确是非常重要的一个因素，很多时候，即便你已经万事俱备，但如果偏偏欠缺了一点运气，那么你的事情也是无法做成的。但如果你把一切都寄托在运气上，那么可以肯定地说，即便能够一时好运，你也注定与成功无缘。就像一首歌里唱的："三分天注定，七分靠打拼"，少了那"七分"的打拼，即便上天赋予你"三分"的运气，你也永远拿不到"十分"的满分。

要想发财，就得会理财，而投资就是一种风险与收益并存的科学理财方式。既然是科学，那么必然就是有迹可循的，是可以通过分析与思考来进行调控的。换言之，要想做好投资，想要通过投资的方式来赚钱，我们就必须要去学习、去了解，用头脑思考，而不是凭借直觉行事。只有时刻保持冷静与理智，在进入投资市场之后，我们才不会因为头脑发热而做出愚蠢的事情。

一位投资大师曾给他的学员们讲过这样一个故事：

> 从前有一位国王，他非常渴望获得巨额的财富，因为他认为只有金钱才能让他感到幸福与满足。于是，他便向神明祈祷，祈求神明赋予他创造财富的能力。
>
> 神明听到国王的祈求后，便赐给了他一根能够将所触碰

到的一切东西都变为黄金的金手指。国王非常开心，他用金手指将自己身边的一切都变成了黄金——黄金的床榻，黄金的宫殿，黄金的衣饰……

但很快，麻烦接踵而来。因为拥有金手指，国王无论触碰什么东西，都会将之变为黄金，于是他再也无法自己吃饭，因为只要手指一触碰到美味的食物，那些食物就都变成黄金了，根本无法入口。他也无法再去拥抱自己的爱人，因为只要一个轻轻的触碰，她们就会变成没有生命的黄金……

后来有一天，国王不小心触碰到了自己最疼爱的小女儿，小女儿瞬间变成了一座金灿灿的黄金雕像，那一刻，看着自己曾经最爱的金子，国王却再也感受不到丝毫的快乐了。他号啕大哭，痛苦不已，祈求神明收回这根可以创造财富的金手指。

讲完故事，这位大师对学员们说了这样一句话："投资是科学理财，索取一定会有限度，如果我们被金钱和欲望所支配，那么就会变得贪得无厌，财运也将变为厄运。因此，投资中冷静的思考是必需的。"

投资大师沃伦·巴菲特曾说过："恐惧和贪婪这两种传染性极强的灾难的偶然爆发会永远在投资界出现。这种流行病的发作时间难以预料，由于它们而引起的市场精神错乱，无论是持续时间还是传染程度同样难以预料。因此，我们永远无法预测任何一种灾难的降临或离开。我们的目标应该是在别人贪婪时恐惧，在别人恐惧时贪婪。"

这其实就是在告诫我们，投资最重要的就是时刻保持理智，切不可被利益蒙蔽双眼，变成欲望的奴隶。运气可能存在，但它就像是"东风"一般，只有万事俱备，才能真正发挥助力。如果什么都不准备，不思考，只将一切都寄托于运气，那么是永远都不可能拥有财富的。

想要做好投资理财其实并不困难，只是人们总会因自身的贪婪而失去思考的理智，从而无视各种"高收益"背后的陷阱与风险。其实，很多时候，如果我们能够克服心中的贪念与侥幸，理智地去看待每一次的投资机会，那么很多的风险都是可以调控甚至规避的，即便没有运气实现赚大钱，也能够及时止损。

当然，如果你对自己实在没有信心，那么也可以考虑向专业人士寻求帮助，比如邀请一位理财专家来为自己指路。事实上，这也是很多人在现实生活中的一种常规选择，毕竟如今市场上的投资理财产品更新很快，市场行情更是瞬息万变，要想精准把握投资方向，有效控制投资风险，不仅需要投资者拥有专业的知识，还需要投入充足的时间与精力。很显然，如果我们所从事的并非相关行业的工作，想要做到这一点是非常困难的，所以大部分人都会选择把这些事情交由专业的人去打理。

事实上，向理财专家寻求帮助对大多数普通人来说并没有什么不好的，正所谓"术业有专攻"，相比起我们这些投资"菜鸟",理财专家们显然更有优势,比如他们了解更多的投资渠道,有更过硬的专业知识技能和更可靠的消息来源,等等。而且,我们个人的投资行为通常都只能够在二级市场进行,基本上不可能进入一级市场,但如果委托专业机构进行投资,那么就能拥有更多的选择空间。

当然了,即便拥有理财专家的帮助,也不意味着我们就能完全置身事外。要记住,我们才是真正的决策者,必须时刻保持清醒,勤动脑筋,懂得鉴别理财专家的哪些讲解对我们比较有用,哪些需要我们学习,哪些又需要我们自己做主。只有明确了这些,我们才能牢牢掌控好手中的财富,为自己创造更大的收益。

正因为没钱,才更应该投资理财

理财理财,当然是要先有"财"才能"理",要是连"财"都没有,又拿什么去"理"呢?这种说法乍一看似乎很有道理,毕竟不管你是要储蓄还是要做投资买理财产品,先决条件都是得先有钱,没有钱,想法再多也是空谈。

但仔细想一想,作为一个没"财"可"理"的"月光族",如果始终不能树立起良好的理财意识,而是不停地用没钱来作借口,那得什么时候才能有"财"呢?可若是我们能换一种想法,把因为无"财"所以才不理财,变成正因为没钱,所以才要努力去投资理财,争取让自己变得有"财",那么你会发现,财富将会在你的努力之下慢慢聚拢起来。

李磊大学毕业之后进了一家外企,做策划工作,每月薪水有6000元。李磊所在城市是个比较普通的二线城市,平均月薪大概3000元左右,消费水平一般。按照这个标准来看,李磊的收入其实还算不错,但刨去吃饭、租房以及各种七七八八的生活开销之后,李磊每个月却基本上没有什么结余,也是一枚妥妥的"月光族"。

大学时期,李磊学的是经济学专业,一度也想过要利用自己所学的知识去做点投资理财,但手里没钱,即便看到不错的项目也只能干巴巴地望洋兴叹了。

李磊一直告诉自己,现在的状况只是暂时的,等以后加工资了,手里有余钱了就能自己做投资,然后钱一定会越赚越多。可事实上,已经工作三年多,薪水也加了两次,但李磊却依然还是一枚囊中羞涩的"月光族"。

陈斌是李磊同一部门的同事,两人同时期进的公司,薪水也不相上下。和李磊不同,陈斌是个非常有规划的人,从开始领薪水的第一个月开始,他就每月都会按时在银行存入1000元。三年下来,陈斌光是储蓄下来的本金就已经有了3.6万元,每每遇到不错的项目都会做一些投资,让自己的资产有所增值。

同一个公司,同样的收入,一个是"月光族",另一个却能积攒小资产,可见,很多时候,一个人之所以没财可理,并不一定是因为他赚得太少,而是不会理财。花钱总比赚钱要容易得多,如果没有理财意识,那么赚再多的钱也未必够花;相反,一个人如果有良好的理财意识,那么即便赚得再少,也能通过一点一滴的积累和合理的投资分配来逐步壮大资产。

所以,赚得少不要紧,我们仍然可以根据自己的经济实力量力而行。试想一下,如果你每个月能存下500元,用于购买某理财产品,那么按照10%的年收益率计算,只需5年的时间,你的本息总额就能达到35677.11元,若是坚持10年,那么本息总额就能达到93869.19元,若是坚持30年,本息总额则可以达到1032760.24元!而每个月省下500元,相信这是很多人都能轻松做到的,重要的是你是否能够约束自己,一直坚持下去。

即便你认为自己收入很低,仅够解决衣、食、住、行,是个名副其实的穷人,但只要你愿意,你仍然可以从培养良好的理财意识和习惯开始,从无到有,做到有财可理。以下几条建议或许能够对你有所帮助。

第一,拟订一个理财目标。

不管做什么事情,有了目标之后会越有动力,同时也更能约束自己的行为。所以,不妨根据自己的人生规划和生活需求,给自己拟订一些理财目标，包括短期目标、中期目标和长期目标，然后在此基础上制订合理的理财计划。

通常来说，初涉职场的新人在刚开始工作的前几年，往往是很难顺利找到适合自己长远发展的工作的，这一时期发生工作变动的可能性非常大。所以，为了避免陷入经济困境，职场新人们最好将首要财务目标定为积蓄3到6个月左右的生活必须费用，以便能应付因工作问题而产生的突发情况。

当然，不管是拟订目标还是制订计划，都要根据自己的实际情况。比如你现阶段收入只有3000元，那么就不要妄想一年可以赚一个亿。需要注意的是，不论是目标还是计划，都应该定期检查、弹性调整，让其更与我们的状况更加契合，避免变成生活的负担。

第二，每日记账，理性消费。

想要树立良好的理财意识，那就从记账开始。在生活中，很多人之所以攒不下钱，就是因为缺乏合理的消费习惯，总是想买什么就买什么，却根本不会认真去考虑东西的性价比。养成记账的习惯，可以让我们清楚地看到每一笔开销的出处，并通过记录的分析知道哪些消费是不必要的，下一次便能吸取教训，培养理性消费的好习惯。

第三，累积资本从强制储蓄开始。

储蓄永远是理财开始的第一步，尤其是对于绝大多数的工薪阶层来说，储蓄绝对是储备资金的首选方式。所以，不管工资多少，从领第一笔薪水开始，就让自己养成强制储蓄的习惯吧，哪怕一个月只存入100元，累积下去，也能成为投资理财的资本。

第四，不要忽视小钱。

现在很多年轻人对小钱都看不上，就算你告诉他多走二百米去买东西可以节省几块钱，他都未必愿意为了省这几块钱而去走那二百米。确实，几块钱或许并不能做什么，但如果是几个几块钱，甚至几十个、几百个、几千个几块钱呢？

觉得小钱不值钱的人，是永远都赚不到大钱的。卖出一包零食，或许只能赚到几块甚至几毛的利润，但如果你有一间超市，每天卖出成百上千的零食，那么每一包零食能赚到的小钱积累起来，难道不是一笔令人艳羡的财富吗？

所以，不要忽视生活中的小钱，很多时候，积蓄正是从这些小钱中一点点抠出来再积累起来的。

第五，开源节流，双管并行。

对于初涉职场的新人来说，想要高效率地积累财富，就要懂得开源与节流并重，严格控制生活中非必要性的消费。只懂开源却不会节流的人，钱赚得再多也只会向流水一样散尽；相应的，只懂得节流却不会开源的人，能够积累下的财富也始终是有限的。所以，想要快速积累财富，改善经济状况，就必须开源节流，双管并行。

最后，借用股神巴菲特说过的一句话："一生能积累多少财富，不取决于你能赚多少钱，而取决于你如何投资理财。"

有钱再说？恐怕就没这个机会了！

一说起"理财"，很多年轻人都有一种错误的认知，觉得理财是有"财"人做的事，如果自己赚的钱也就勉强够花销，那么又哪里来的"财"可"理"呢？于是，每每提及理财，都是一句：等有钱了再说！

然而事实上，理财从来都不是有钱人的专利，相反，比起有钱的人来说，穷人更需要理财。对于有钱的人而言，理财是锦上添花，因为不管会不会理财，反正自己都不缺钱花；但对于穷人而言，理财却可能成为改变命运的契机，能够帮助人们更有效地积累财富，摆脱贫穷。

说到底，理财其实就是一种手段，一种对"财"妥善管理的意识和方法，它与你拥有的财富多少并没有任何关系。要知道，在这个世界上，绝大多数富人的钱财，都是从小钱一点点累积起来的，他们并非生来就拥有比别人更多的财富，但因为他们懂得理财、懂得投资，所以他们总能比别人积累起更多的财富，让小钱在时间的作用下一点点成长为大钱。

因此，不要再把希望寄托在"有钱再说"这四个字上了，不会理财，不懂投资，你永远都不会"有钱"。致富从来都没有借口，只要去做，哪怕小钱也能最终成就大事。而相应的，不懂得理财的人，哪怕有机会拥有大钱，最终也只能坐吃山空，让一切财富都化为泡影。

2003年，一个名叫考利·罗杰斯的英国女孩十分幸运地买中彩票大奖，获得了190万英镑的巨额奖金，大约相当于307万美元。对于任何一个普通人来说，这都是一笔十分巨大的财富。然而，考利却仅仅用了六年不到的时间，就将这笔巨款挥霍一空，甚至陷入了破产的危机之中。这到底是怎么回事呢？

原来，在得到这笔巨额奖金之后，考利就开启了她"买买买"的道路。她先是用55万英镑购买并装修了四套房子，然后又在度假旅游上花费了至少20万英镑，接着用26.5万英镑为家人购买豪华汽车，继而又在购买名牌衣物、开办宴会以及整形等方面花费了45万英镑，此外，还有支付各种解决法律问题的费用7万英镑，给自己几任男朋友买礼物花费的19万英镑，等等。在这样坐吃山空并且花钱如流水的情形下，不到六年的时间，考利就"千金散尽"了。

一场泼天的富贵，最终却成了黄粱一梦。而考利·罗杰斯之所以落到这样的境地，说到底就是因为她不会理财。如果在得到这笔巨款的时候，她能够为自己做一个合理的规划，树立起正确的理财意识，那么也就不会发生这样的事情了。

可见，无论有钱还是没钱，不想"千金散尽"，深陷贫穷的泥淖，我们就一定要学会如何正确地与钱打交道，管理好自己的财富。

在生活中，我们都应当树立这样一种意识，那就是理财应该"从第一笔收入"开始。哪怕你的第一笔收入仅够生活开销，也不要忽略这些小钱的聚敛能力，要知道，钱多钱少都不重要，钱多有钱多的理财方式，钱少同样也有适合钱少的理财方式，重要的是，我们必须培养起一种理财意识，让理财成为管理财富的一种本能。

比如，我们可以试着给自己定下这样一条铁律：每个月领到薪水之后，根据自己的收入情况，在满足最基本生活需求的前提下，先拨出固定的一部分用于投资。重要的是，这条铁律必须长期坚持，不要给自己任何借口去动用这笔"投资基金"。

我们可以设想一下，假如每个月我们拿出500元存到银行里，那么在20年后，即便不计算利息，单本金就能积攒到12万元，如果加上利息，那么这个数额还能更大；而假如我们每个月拿出的这500元不是直接存入银行，而是以定期定额的方式去投资基金，那么20年后所能达到的数额还将更大。当然，实现这一切的前提是，我们已经拥有了理财意识，并且着手去做这件事了，而不是总指望"有钱再说"。

在现实生活中，总有这样一些人，他们总是一味地幻想着自己以后能得到不错的职位,能赚很多钱,于是便将所有的事情都寄希望于"有钱再说"的未来,对自己眼下的真实情况却视而不见。明明收入不高,却总是胡乱消费,没有存款,没有规划,总以为只要等下去,财富就会滚滚而来……然而事实上,我们其实都知道,钱永远不是等来的,而是需要我们一点一滴地去"理"出来。

作为一名"月光族",此时的你或许的确生活得十分潇洒,想买就买,想玩就玩,不用在意每一笔支出的账单,也不用关心每一笔投资的动向,但这样的潇洒究竟还能持续多久呢?现在的你还很年轻,身体健康,充满活力,处于人生财富的增长期,还不曾背负上太多的社会负担,甚至可能还不需要扛起家庭的责任。可青春易逝,韶华易老,等你步入中年甚至老年之后,你又该何去何从呢?到那个时候,你的身体或许已经不再这样健康了,你也不一定还能拥有比现在更好的收入,甚至你的肩头,或许已经扛上了不少的负担与责任。等到了那个时候,没有收入、没有积蓄,那真的就是"无财可理"了。

我们之所以一直强调理财要"从第一笔收入"开始,目的就是为了培养正确的理财意识。我们每天都要和钱打交道,而每一笔钱在有理财意识和没有理财意识的人手中,所能发挥的作用也是大不相同的。有理财意识的人,但凡经手的钱,必然都能发挥出最大的效用,为自己创造最多的收益;而那些缺乏理财意识的人,哪怕现在还没有到节衣缩食的地步,他们手中握着的钱财也不会带来任何收益,总有一天是要坐吃山空的。

所以,从拥有第一笔收入开始,我们就应该学会系统地规划与部署手中的财富。记住,你不理财,财也不会理你!

摆脱"心魔",理财就要从现在开始

很多人其实都明白理财的重要性,也曾无数次在脑海中规划过要去做什么样的投资,要如何让自己手中的资产实现增值,但他们却始终没有展开实际的行动,这到底是为什么呢?刘晓婵的经历或许会给我们一些启示。

刘晓婵大学毕业后进入一家财务公司工作,由于工作细心又能吃苦耐劳,很快就得到上司的赏识,升职加薪。

刚开始的时候,刘晓婵对这份工作还是非常满意的,但后来,由于学历、能力等多方面因素的限制,升职的空间变得越来越小,加薪的幅度自然也就越来越小了。在结婚有了孩子之后,骤然加大的开销更是让刘晓婵的经济状况变得有些捉襟见肘起来。

袁华是刘晓婵的大学同学,两人关系非常好。毕业之后,袁华进了一家广告公司做财务工作,她的情况和刘晓婵

第1课 账户里有多少银子,取决于你的"理财观"

其实也差不多。但后来,在朋友的建议下,袁华将一部分的精力转移到了投资理财上面,并且慢慢获得了可喜的收益,成功改善了自己的经济状况。

在得知刘晓婵的情况后,袁华便建议她和自己一块去投资理财,还介绍了几只不错的基金给她。刘晓婵本来也很心动,但一想到自己的余钱本就不多,家里的消费又很大,而做投资都是有风险的,万一一个不小心亏了,那势必会影响到现在的生活质量。于是,左思右想之下,刘晓婵决定再多观望观望。

后来,袁华又和刘晓婵提了几次关于投资理财的事,也陆陆续续地给过她一些建议和消息。但刘晓婵每次都因为不同的理由望而却步,总是想着"再等等",时间一长,袁华也就不再和刘晓婵说这些了。

不久之后,因为丈夫工作调动,袁华干脆辞了职,带着孩子和丈夫一起搬到了另一个城市生活,两人一直保持着断断续续的联系。

袁华辞职之后就没有再找工作,干脆在家专心做起了投资理财,这样一来,也有更多的时间照顾丈夫和孩子。有时候行情好了,袁华赚的钱甚至比之前上班还要更多。

而刘晓婵呢,依然是从前一样,在公司里兢兢业业地耗着,小心地计划着生活里的每一分花费。她也曾无数次羡慕过袁华的生活,但一想到拿出钱去做投资可能面临的风险,又总是下不了决心。

生活中像刘晓婵这样的人其实并不少，一边羡慕着别人通过投资理财就能轻松实现财产增值，一边却又因为各种各样的原因犹豫不决。说到底，之所以会这样，就是因为这些人心中被很多错误的观念所占据，以至于被内心的"心魔"拖住了脚步，才无法下定决心投入到投资理财活动中。

那么，那些将财富阻挡在门外的"心魔"到底都有些什么呢？

第一，缺乏信心，认为自己没有能力投资理财。

很显然，刘晓婵的"心魔"就是属于这一种，她一方面羡慕袁华可以通过投资理财的方式赚到钱，改善自己的经济状况，但另一方面又对自己没有信心，担心自己会做不好而亏钱，让自己蒙受损失。

生活中很多工薪族其实都和刘晓婵有同样的担忧，所以只能保守地选择安全性最高的储蓄来作为自己唯一使用的理财工具。然而，他们最大的错误就在于，只考虑到了投资可能会遭遇的风险，却忽略了通货膨胀可能带来的困境。

其实，刚开始做投资理财的时候，大家的能力都是差不多的，没有谁是天生就会投资理财的。而且，即便是风险承受能力低的人，也可以选择一些安全性高的投资理财方法来实现财产增值。就以储蓄为例，储蓄的方法和技巧也是多种多样的，不同的储蓄方式所能产生的利息也是天差地别的。只要你愿意去了解和学习，就会发现，投资理财其实并不像你想象中那么难，也并不像你以为的就一定充满了风险。

给自己一点信心，更重要的是给自己一些机会，不要想当然地就选择拒绝，而是尝试着以学习者的心态来好好了解一下投资理财的相关知识。当你能够真正开始了解投资理财究竟是怎么一回事的时候，你会发现，改变生活和命运的机会其实从来都在你身边。

第二，错误认知，以为投资理财就等于赚大钱。

一提到投资理财，有的人就会产生一种错误的认知，以为投资理财就等于是要去赚大钱。在他们的观念里，投资理财就相当于炒股、买基金、炒期货……于是，许多耸人听闻的故事或新闻就在脑海里冒出来了，什么炒股亏得倾家荡产的例子啊，炒期货把房子都搭进去啊，买基金欠了一屁股债啊。

然而事实上，理财的根本目的并不是要赚大钱，而是要让自己的资产配置更合理，在保证财富不贬值的前提下，让自己的生活变得更好。投资也只是理财的一个组成部分而已，况且，即便是投资，也并不都是风险高的投资，有很多低风险、稳健型的投资同样能够帮助投资者实现财产增值。

第三，时间不够，认为自己根本没有时间理财。

随着现代社会生活节奏的不断加快，人们的休闲时间越来越少，在这样的情况下，很多人之所以根本没动过做投资理财的念头，就是因为太忙了，觉得自己根本没有多余的时间去做这些事。

然而，鲁迅先生说过："时间就像海绵里的水，只要愿意挤，总还是有的。"忙是相对的，你总能找出比你更忙的人，忙不过只是一个逃避的借口罢了。

再者，如果你不想一辈子都在为了生活疲于奔命，那么必然是需要做出一些改变的，首当其冲要改变的，就是自己的经济状况，而要改变自己的经济状况，还有什么比投资理财更好的方式呢？

所以，别再以忙碌作为借口了。忙碌是为了赚钱，而投资理财则能够帮助我们实现财产增值，甚至从根本上改善我们的财务状况，将我们从"瞎忙"中解救出来。勇敢地踏出第一步吧，摆脱纠缠我们的"心魔"其实并没有想象中那么困难，投资理财就要从现在开始！

第 2 课　一到月底就犯愁，如何实现财务自由

生活压力太大？那是因为你没有财务统筹能力，不懂得合理分配自己的财富，把钱花在真正有价值的地方。生活的自由源于财务的自由，不能实现经济的独立，又哪还有资格再去谈人生的独立？

想要掌控自己的命运，就先从掌控自己的财务开始，摆脱"月光"的魔咒，才能踏上财富的康庄大道！

你生活的压力，源于没有财务统筹能力

你每天的生活幸福吗？

如果你走到大街上，拦下一个西装革履，行色匆匆的上班族，问他这样一个问题，他可能会忍不住对你咆哮："你看看我幸福吗？每天从早到晚，忙得不可开交，房贷车贷压在肩膀上，简直让人喘不过气，上有父母养老钱，下有孩子奶粉钱，一不小心生个病，首先要担心的是请假扣工资怎么办，医院住院费给不给报——你说我幸福吗？！"

随着社会经济的快速发展，不可否认，人们的物质生活水平比起从前已经是越来越高，生活的方方面面也变得越来越方便。然而，和物质生活水平同步提高的还有无处不在的生活压力，以及如同重重高山，怎么也翻越不完的各种经济困难。

看看你周围的朋友，再看看镜子中的自己，憔悴不堪，意志消沉，仿佛已经很久都不曾感受过生活的喜悦和工作的乐趣。但有什么办法呢？在这样一个竞争压力极大的时代，生活节奏越来越快，人际关系越来越复杂，夹杂着"毒药"的诱惑越来越多，除此之外，还伴随着各种各样令人发愁的为题：房子买不起怎么办？物价上涨怎么办？生病没保险怎么办？养老问题怎么办……

面对着一个个毫不留情砸下来的现实问题,越来越多的人不再敢对生活抱有过高的期待和要求,越来越多的人不断放低自己对未来的预期,似乎只要能找到一份安稳的工作,拥有基本的生活保障,就已经满足了。然而现实却一遍又一遍地告诉我们,放低期待并不会带来幸福,也不会让人感觉到轻松。生活的压力从来就不曾失去过,不解决那些把我们压地喘不过气、抬不起头的问题,我们就永远不可能活得轻松。

那么,接下来,让我们先一起直面那些让无数人痛不欲生的现实问题吧!一起来找找,造成这些问题的根源究竟在哪里。

第一,你买得起房子吗?

说起房子,简直就是我们这一代人心头最大的痛。在小城市,房价不高,可工资也低,买房是一大负担;在大城市,赚得多了,房价更是天价,加薪的速度永远赶不上房价上涨的速度。有人曾算过一笔账,发现自己可能需要不吃不喝至少二三十年才能勉强攒够买一套房的钱。

当然了,我们也不可能真熬上二三十年再去买房,但即便成功办理贷款,采用分期付款的方式把自己变成"房奴",每个月雷打不动的贷款利息也沉甸甸地压在了众多上班族的心头。因为背负着贷款的压力,所以即便工作不如意也不敢随便辞职,即便有特别想要的东西也不敢随便购买,每每想起都让人感到"压力山大"啊!

第二,孩子的学费准备好了吗?

没有为人父母之前，谁都不知道养一个孩子究竟有多费钱。当然，不管穷养还是富养，都能把孩子养大，但作为父母，谁不想给自己孩子最好的东西呢？更何况，即便衣食住行都能节省，孩子最大的开支——教育——可是绝对不能省的。

为了不让孩子输在起跑线上，别人家的孩子都上兴趣班，你的孩子也总得去上吧？别人家的孩子暑期参加夏令营增长见识，你的孩子也总得去吧？再者，万一你的孩子颇具艺术天赋，哪怕面临着艺术院校的天价学费，也总不能断了孩子的前途吧？再或者，万一你的孩子有了出国深造的机会，也总不甘心因为没钱就放弃大好的前程吧？

虽然现在你的孩子还不知道在哪里，甚至可能连未来的另一半都还没遇到，但不未雨绸缪，真正等到那个时候，恐怕就要为孩子昂贵的学费心力交瘁了。

第三，你看得起病吗？

如果说前两个问题都还有逃避的可能，那么当面临这个问题的时候，恐怕谁都没办法轻松了。毕竟，谁不会生病呢？而看病难、看病贵一直都是重大难题。不少老百姓口中都无奈地念叨着一句话："没啥别没钱，有啥别有病。"若是既没钱又有病，那就真的没活路了。

在现实生活中，高额的医药费、住院费几乎已经成了我们日常开支中最大的花销之一。有时候，哪怕只是一个普通的小感冒，进医院一圈恐怕就得花个好几百，更别说那些重大疾病的医疗花销。光是想想都让人不由得冷汗直冒，这年头，真是病不起啊!

第四，你想过自己的养老问题吗?

说到养老问题，很多年轻人可能都不以为然，总觉得那是非常遥远的事情。而且，不是还有养老金吗?

确实，在过去，由于存款利率较高、通货膨胀小等原因，退休金基本上可以让人们在退休之后也能维持最起码的生活水平。但如今却不同了，物价的上涨早就远远超过了退休金的涨幅，加之社会老龄化的日益加重，等到你退休时，所能领到的养老金恐怕还不如你现在薪水的一半多，在这种情况下，你的生活水准又怎么还能继续维持呢?若是运气不好再出点倒霉事，那日子恐怕就真是过不下去了啊!

以上这四个问题其实仅仅只是人们在现实生活中会遭遇到的普遍问题，还不说别的，光是这四个问题也已经足够让人感到"压力山大"了。在这样的状况下，时时面临着来自生活的重压，哪怕生活水平再高，我们又怎么可能感到轻松和幸福呢?

然而，再回过头好好看看这些问题，其实不难发现，造成这些压力的根本原因，就在于我们一直都缺乏合理、正确的理财规划，没有统筹财务的能力。假如我们能够合理安排自己的每一分财富，懂得让每一份资本都实现收益最大化，明白如何让每一分钱都发挥出最大的价值，那么又何惧那些看似沉重的经济负担呢?

我们虽然不能直接把"理财"和"幸福"划上"="号,但不可否认,生活中的大多数压力和烦恼,实际上都来自经济问题,而若是能够解决经济问题,让自己不再有后顾之忧,那么即便还会遭遇到各种的不如意,我们也能大大拉近与轻松、愉快、幸福之间的距离!

钱都败光了,还拿什么赢未来

很多人其实都明白这样一个事实:想要发财致富,仅仅只依靠打工是难以实现的。对于拥有致富梦想的人来说,上班主要是为了资本的原始积累,而当我们手中拥有了足够的资本,可以用来进行创业或投资时,才算是真正开始踏上致富之路。

如果你在投资方面有一些成功的经验,那么你一定知道,投资理财所能带给我们的收益是非常巨大的,有时甚至远远超过我们辛劳工作所获得的薪资。打工所得的薪水能够让我们的生活有一定保障,能够帮助我们进行资本的原始积累,但真正想要摆脱贫穷,甚至跨越中产阶级,变成真正的富人,说到底还是要靠理财,而理财的第一步,永远都是存钱。

说到存钱,现在很多年轻人都没有这个习惯,甚至有不少人都有一个观点,认为钱不是靠省出来的,而是靠赚出来的。确实，收入提不上去，你再怎么省，所能得到的财富都是极为有限的。但这并不意味着存钱就毫无意义，要知道，无论你想通过什么样的手段来让自己的资产实现增值，你都是需要先拥有本金的。哪怕就是买一张彩票，你也得先从自己兜里掏出两块钱来，才有机会去试试能不能中奖。

事实上，任何一种投资理财的方式，都是需要先投入才可能获得产出。尤其是对于没有高收入的普通人来说，存钱无疑正是最好的进行资本积累的方式。如果你把钱都败光了，那又靠什么去为自己赢未来呢？

刘晨是个典型的"月光族"，步入职场已经五年多，从一个普通的小员工，已经打拼成了部门的小主管，工资也一直在节节攀升，但始终不变的却是银行卡里不超过三位数的余额。刘晨最喜欢挂在嘴上的一句话就是："钱都是赚来的，不是省来的。与其天天节衣缩食、精打细算地扣那些小钱，还不如想想怎么把业绩搞上去，让工资也升上去！"

抱持这样的理念，刘晨日子一直过得十分潇洒。但也正因为如此，即便收入不算低，刘晨也没为自己存下多少积蓄，眼看着身边的朋友都已经开始买车买房买保险，为未来的安稳做规划，刘晨心中也有些不是滋味儿，但却又不知道问题究竟出在哪里。

和刘晨不同，李维和林雪就非常有理财意识。他们二人

第2课 一到月底就犯愁，如何实现财务自由

在大学时就是情侣，一毕业便加入了"毕婚族"，因为家庭条件比较一般，所以刚开始工作的时候，李维和林雪的日子过得非常辛苦。为了省钱，两人租住了一个半地下室，每一笔花费都要经过精打细算。

从有了第一笔收入开始，李维和林雪就开始每月强制性地开始存钱，避免一切不必要的开销。他们每天挤公交和地铁去上班，掐着点儿到超市购买打折商品，节省下的大部分积蓄几乎都用于购买投资理财产品。

在这样的坚持下，李维和林雪的收入虽然比不上刘晨，但积少成多，在刘晨依旧还做着潇洒的"月光族"时，两人已经攒够首付，拥有了自己的第一套房子。可以预见，只要继续保持良好的理财习惯，李维和林雪必然会在十几年后过上令人羡慕的富裕生活，彻底改变贫穷的命运。

所以说，在尚且年轻的时候，还是应该培养储蓄的意识。无论你赚得多还是赚得少，无论你每个月能存下多少钱，都应该坚持下去，将储蓄变为一种习惯。任何的投资都是需要资本的，若只是为了享受眼前的潇洒而过度消费，那么你将永远都无法积累起能够帮助你扩大收益的资本，从而失去财富增长的好机会。因此，无论如何我们都应该记住，存钱永远是实现财富增值的第一步，只有先踏出了这一步，我们才有底气说一句："钱都是赚来的，不是省来的。"

中国台湾有名的富豪王永庆先生就曾经说过:"年轻的朋友们,当你有了一份工作,别总想着赚钱,更要懂得把赚来的钱攒下来、存起来。赚来的钱不是你的,只有攒下来、存起来的钱才是真正属于你的。"

但凡是对王永庆先生有所了解的人都知道,他在日常生活中一直是个非常节俭的人,即便已经拥有了大多数人奋斗一生都不可能拥有的财富,但他仍旧非常重视储蓄。事实上,也正是因为如此,最初的他才能靠着存钱积累起了第一笔资本,从而走上创业发家的道路。

无独有偶,投资大师巴菲特先生也曾在公开演讲时特别强调过存钱的重要性。巴菲特先生曾在中国一所大学进行演讲,演讲题目是《如何进行投资》。在演讲时,看着一个个朝气蓬勃的年轻人,巴菲特先生认真地说道:"我认为实现投资有三步需要走:一、进行存钱;二、进行存钱;三、还是进行存钱。"

中国有句老话:"巧妇难为无米之炊。"在投资理财中,资本就是我们的"米",没有"米",那么即便你拥有再高超的"厨艺",也是不可能凭空变出一桌"佳肴"的。因此,在一切投资理财活动中,存钱永远是第一步,也是最重要的一步,如果不能将这一步走好,那么之后的一切"计划""想法"等便都毫无意义。

请记住,任何一位白手起家的富豪,之所以能够改变自己的命运,都是因为他们深谙储蓄的重要性,懂得为自己积累原始资本,从而展开投资理财活动,最终创造出惊人的财富。所以,不要小看你手中能够节省下的每一分钱,想要赢未来,你就该为自己积累足够的筹码。

时刻关注你的现金流量表

如果你想掌控自己的财务状况,那么你需要做的第一件事就是去了解它,搞清楚你日常生活中的现金流量表,知道你的每一笔收入从何而来,每一笔支出又向着哪里去。只有先弄清楚了这些问题,你才能真正掌控自己的财务状况。

所谓现金流量主要分为两个部分,一是现金流入量,二是现金流出量。通常来说,现在很多工薪族的收入都是由两个部分组成的,一为薪水,二为投资,两者综合起来,就是工薪族的总收入,即现金流入量;至于支出,那所包含的项目就多了,包括通信费用、外出就餐、交通费用、日常支出、租房水电、购物或维修等等,类目繁多,将所有的日常支出加在一起,自然就是现金流出量。

通过关注和分析我们每天的现金流量表,就能根据现金的流动方向,准确找出那些可以增加我们流入现金的好项目,以及耗费我们现金流出量的支出项目等,再有针对性地进行调整,就能很好地达到控制财务状况的目的。

李亮是一名政府工作人员，还在上大学的时候，李亮就喜欢没事写点稿子投去报社或杂志社，赚点零花钱。工作之后，李亮的这点小爱好依旧没有改变，每当工作闲暇之余，都会抽点时间来写文章。

一开始，对于这些稿费收入，李亮并没有放在心上，左右是个消遣，李亮也没指望它能让自己养家糊口。后来有一段时间，李亮为了控制开销，便将每天的收入和支出都一笔笔记录了下来，打算剔除一些非必要的消费，来达成省钱的目的。

记录一段时间之后，李亮在翻看自己记录的现金流量状况时，突然发现，这个月里，自己陆陆续续投稿赚到的那些稿费，加起来竟有2000元之多，甚至都快赶上工资了。

李亮大为吃惊，在经过进一步地了解和分析之后，挑选出了几家稿费最为优渥的报社和杂志社，并开始有针对性地给这几家报社和杂志社投稿。如今，在李亮的经营规划之下，每个月除了工资收入，他都还能通过投稿赚到不低于2000元的额外收入，有效增加了自己账户中的现金流入量。

通过分析自己的现金流入量，让李亮发现了一直以来被忽略的一大收入来源——投稿。认识到这一点之后，李亮果断对这一赚钱途径进行了更加科学的规范,让其成为一项能够长期创造现金流入的稳定赚钱渠道。

分析现金流入量可以让我们增加收入,同样的,分析现金流出量则能够有效地帮助我们控制开销。双管齐下,财务状况自然尽在掌握之中。

有一次,赵鑫在刷卡购物时发现自己的其中一张信用卡已经刷到了最高透支额度,这让他感到非常意外。赵鑫从来就不是一个物质欲望很强烈的人,在消费方面,他也一直认为自己足够节省,还是头一次遇到这种刷爆信用卡的情况。但更令他感到不安的是,他居然回想不起来自己到底买了些什么东西。

这件事之后,赵鑫突然萌生了一个想法:如果接下来的一年里,他严格控制自己的开销,杜绝一切非必要的花费,那么一年下来,他能省掉多少钱呢?

有了这个想法之后,赵鑫很快就把这件事搬上了日程。这一年里,他控制自己不吃零食,不在冰箱储存过多食物,不开家里那辆特别耗油的汽车上班,拒绝一切非必要的应酬,也不买非必要的高档消费品,记录并严格控制自己的每一笔开销。

一年之后,赵鑫清查了自己的支出账目,并且和上一年度的消费情况进行了对比。结果发现,除了房贷、水电、保险等基本支出以外，与上一年相比，他在购买书籍方面节省了1300元，在购买衣服上面节省了3500元，在外出休闲娱乐方面节省了8000元。更重要的是，再回顾自己一年以来的日子，除了较为自律之外，实际上并没有遭遇过其他任何麻烦，也并没有感觉生活整体质量水平有所下降。

很多时候，我们其实根本意识不到自己在生活中，究竟有意无意地"浪费"了多少钱。随手买下的小东西，之后便丢在角落再也没用过；放在冰箱里的食物，直到变质也没想起来吃；一时冲动买下的漂亮高跟鞋，却从来没有穿出门过；聚餐点的一大桌子菜，真正入口的可能还不到三分之一……那些一笔一笔看似不起眼的花费，我们花过之后转头就忘记了，但若是将这些花费一点点记录下来，一段时间之后再回过头去看，就会发现，原来在不知不觉中，我们居然白白损失了这样大的一笔资金！

无论是现金的流入还是流出，只有学会去关注它，我们才能真正看清楚自己的财务状况，也才能真正掌控它，进而在科学的调整中完成资产配置的最优化。试想一下，如果你连自己的收入和支出都搞不清楚，不知道花的钱是哪里来的，也不清楚钱都花去了什么地方，那你还怎么掌控自己的资产，有效地积累财富呢？

所以说，无论你现在赚得多还是少，无论你现在是孑然一身还是已经组建家庭，想要把自己的财务状况弄清楚，就要有意识地时刻关注自己的现金流量表,为自己的收入与支出都做一个详尽的计划,在增加收入的同时,尽量避免资金的浪费。这也正是我们投资理财的最终目的。

工资保障温饱,投资让生活更好

现如今,忙碌已经成为许多现代人的标签,同时也是众多现代人的生活写照。不论是学习还是工作,许多人无时无刻不在奔跑着,生怕停下片刻就被别人超越,更别说停下来慢慢享受生活了。然而,对于许多人来说,这还不是最可怕的,最可怕的是,不管怎么忙碌,怎么疲于奔命,积蓄却仍旧没有多少,多年的拼搏也似乎并不能给自己找到一条更好的出路,逐年增长的,只有年龄与工作经验……

看到这里,如果你也觉得感同身受,甚至觉得自己就是其中一员的话,那么你大概就能给自己贴上一个"穷忙族"的标签了。什么叫"穷忙族"呢?简单来说,就是工作辛劳却入不敷出的人。

从某种层面上来说,"穷忙族"甚至比"月光族"还要倒霉得多。毕竟作为一名"月光族",虽然同样没有积蓄,但至少日子过得还算潇洒,不少收入较高的"月光族"甚至可以说过着挥金如土的生活。"穷忙族"就不同了，每天忙前忙后，劳心劳力，最后却只是忙得一场空。

为什么会出现这样的情况呢？原因其实很简单，说到底就是缺乏计划，不懂理财。大多数的"穷忙族"都存在这个问题，你要是和他们谈理财，那么他们中的大部分人大概都会告诉你：只有那些有"闲钱"的人才会去操心这些事，毕竟温饱才是第一要务，连温饱问题都还不能很好地解决，每天拼命赚钱的时间都还不够，又哪里有别的精力和"闲钱"再去考虑什么投资理财呢？

然而事实上，正是因为有这样的想法，这些"穷忙族"才会忙来忙去一场空。要知道，工资最多能让你温饱，只有投资理财才能让你活得更好，若是摒弃后者，那么恐怕你也就只能一辈子在温饱线上挣扎了。

王玮和林晨是大学同学。在学校的时候，王玮成绩一直很好，是学校里的风云人物，而林晨呢，成绩虽然也不差，但与王玮相比，也就不怎么显眼了。

毕业之后，王玮和林晨又进入同一家公司上班，成了同事。实习期间，王玮充分发挥自己的交际能力，在努力工作之余和公司上下各部门的同事都关系融洽，日子过得如鱼得水。相比王玮，林晨就低调多了，除了做好手头的事情之外，其余时间都用在了搞投资、做项目上。

很快，实习期结束，王玮和林晨都顺利转正。一年后，

第2课 一到月底就犯愁，如何实现财务自由

王玮依然是公司一名普普通通的员工，有着不错的人缘。而林晨则因为之前自己做的投资项目并入公司而被升任为项目经理，同时入股成了公司的合伙人之一。

如今，王玮的生活和之前一样，每天忙得天昏地暗，除了自己的工作之外，偶尔还得给"关系好"的同事帮点忙，一年到头，赚到的工资却也就是林晨的一个零头。而林晨呢，每天上班谈笑风生，打几个电话开几个会，年终分红一到账，立马就是盆满钵满。

看看自己再瞧瞧曾经的老同学林晨，王玮心里总觉得有些不是滋味儿，可有什么办法呢？大部分的时间与精力都消费错了方向，缺乏计划又不懂理财，这不就成了"穷忙族"！

很多时候，忙得多赚得少其实不是最可怕的。最可怕的是，当你发现自己如此忙碌却依旧一贫如洗，而身边却有其他人能轻轻松松就过上富裕舒坦的日子，拥有不错的经济状况时，那种天差地别的对比，恐怕没有多少人能淡然处之吧？很多人可能会因此而迷茫、困惑——是我们不够努力吗？还是我们不够聪明呢？或者是这个世界太不公平？

其实，造成这种状况的原因只有一个，那就是我们投入的时间与精力走错了方向。就像王玮那样，当他毫无规划、毫无目的地"瞎忙"，浪费自己的时间与精力时，林晨却是在有计划地

进行投资和推进项目。同样的精力和时间，一个毫无目标胡乱努力，一个有计划有目的地创造价值，最终这样的结果其实毫不意外。

很多时候，掌握管理钱的方法比亲自去做赚钱的事情要更重要。比如世界首富比尔·盖茨，很多人都知道，他通过挖掘DOS操作系统而让微软公司得到了进一步的发展，而DOS操作系统并非是由他发明的，他只是这个操作系统的经营者。然而，相比发明了这个操作系统的人，毫无疑问，比尔·盖茨显然要赚得更多。

可见，懂得如何管理钱、经营钱，要比亲力亲为地去做赚钱的事更重要。而管理钱、经营钱说到底不就是投资理财吗？故而我们说，想要摆脱贫穷，树立正确的理财观念是非常重要的，而这也是我们进行人生经营的重要一环。缺乏理财观念的人，哪怕赚得再多，也经不起毫无计划地挥霍；而那些懂得理财的人，哪怕赚得再少，也能让手里的钱"生钱"，帮助自己摆脱贫穷的困窘局面。

这并不是在夸大其词，我们不妨设想一下：假如你手里有10万元钱，若是缺乏理财观念，这10万元钱对你来说就只是单纯的物质消耗，用完也就完了，甚至可能因为缺乏计划的消费，使得这10万元钱中的很大一部分花费变得毫无意义；但如果你有良好的理财观念，那么这10万元钱就会成为你手中的资本，实现"钱生钱"，不断增值，逐渐积累成为一笔可观的财富。

所以，当你感觉自己忙忙碌碌，钱包却越来越瘪的时候，不要只会想着盲目地增大自己的工作量，而是应该停下来好好想一想，你在管理自己的钱财时，是否缺乏正确的投资理财观念，是否将过多的时间与精力投放到了错误的地方。很多时候，你之所以无法摆脱贫穷，不是因为你不够聪明，也不是因为你不够勤奋，只是因为你没有正确的理财意识和理财观念罢了。请记住，工资最多温饱，投资才能活更好，树立良好的理财意识，财富才能越积越多，生活也才能越过越好。

从"月光"青年到财富在线，只需一场观念转变

　　从前人们花钱总是习惯根据自己的收入情况来计算着花，赚得多便花得多一些，赚得少便只能勒紧裤腰带省一省。但现在，随着"提前消费"观念的不断普及，不少年轻人手里都有几张信用卡，便养成了"先花未来钱"的消费习惯。但与此同时，这样的消费习惯也带来了许多的"副作用"，造就了不少的"卡奴"和"月光族"。

　　使用信用卡确实是件非常方便的事情，除了支付方式非常便捷之外，更重要的是，它有效地缓解了我们短时间内在资金方面的困窘，让我们能够通过"先花未来钱"的方式，提前购买到我

们因当前资金短缺而无法购买的东西。

但与此同时，刷卡消费也在无形中弱化了我们对于消费的"感受"。比如支付现金的时候，看着钱包慢慢瘪下去，我们可能会产生心痛、不舍的感觉，从而不自觉地限制自己的消费冲动。刷卡则不然，一张卡片递过去，可能还没来得及产生"花了钱"的感觉，想要的东西就已经拿到手了。结果，消费欲望毫无节制地膨胀，直到账单拿在手里的时候才感觉到了头疼。当收入已经无法轻松负担消费、偿还账单的时候，"卡奴"又哪里还有余力来为自己积攒财富呢？

王琳和白秋是大学同学，毕业之后两人很快都顺利找到了工作。王琳进的是一家外企，从事产品策划的工作，月薪能达到4000元左右。白秋则去了当地一家规模不大的广告公司，前期月薪只有2000元左右。

如果单纯从收入来看的话，王琳的收入是白秋的两倍，那么王琳的日子显然应该比白秋要过得好一些，然而事实却并非如此。虽然王琳收入比较高，但相应的，她的开销也不低，除去房租、吃饭以及和同事聚餐等费用之外，王琳每月还要花费一大笔钱为自己购置名牌的衣物和包包，有时候钱不够花便几张信用卡交替刷，每月别说余钱了，能把信用卡账单还清就算是不错的。

白秋不一样，她向来是个非常有计划的人，在消费方面也是如此。虽然白秋手里也有几张信用卡，但每一笔消费她都会细心地记录下来,并且严格限制每月的支出,保证每个月都能存下一笔固定的钱用于投资。

如今,白秋已经顺利买车买房,虽然还在偿还贷款,但她所购买的基金理财产品每月也有非常不错的收益。而王琳呢,虽然收入不低,但毫无节制的消费却也让她债台高筑,从"月光族"变成了"大负翁",每个月都忙着"拆东墙补西墙"地应付信用卡账单还款。至于什么车啊房啊,也只得遥遥无期了。

在现实生活中,像王琳这样的年轻人不在少数,收入不低却存款没有,表面看似活得潇洒,日子却过得毫无保障。试想一下,手头上没有多余资金,甚至"负资产"的他们,一旦因为某些意外而失去经济来源,那么必然立刻就会陷入无法生存的尴尬境地,甚至连正常生活水平都难以维持。而人生,向来都是无法预知的,谁又能保证眼前的平顺能够一直持续下去,明天不会有意外到来呢?更何况,如果有可能,谁不想摆脱贫穷的命运,从拮据的"月光"青年变成财富在线,完成从"负翁"到"富翁"的蜕变呢?

其实,很多时候,"负翁"与"富翁"之间的距离,只需要一场观念转变就能消除。要知道,很多人之所以无法积累财富,关键不在于他收入的多少,而是在于他是否能够控制自身的消费欲望。很多的"月光族""卡奴",说到底其实就是因为不能克制自己的消费欲望,不懂得管理自己的金钱,所以才会陷入这样的窘境。而造成这一切的根本原因,说到底还是理财观念上的偏差。

那么，我们究竟应该如何转变观念，才能摆脱"月光"的魔咒，从月光青年蜕变到财富在线，成为真正的富翁呢？

首先第一点我们要做到的就是控制消费欲望，压缩开支，从根源上开始节流。要知道，不论你收入再高，如果没有理财规划，那么总有一天，膨胀的欲望会将财富吞噬，让你变得一贫如洗。所以，控制消费是一切的基础，先做好这一点，我们才能慢慢积累金钱，为之后的投资积攒足够的资本。

当然，一切的节流都是应该在保证不影响正常生活的前提下进行的，比如房租、水电费、伙食费以及交通费等日常生活中不可或缺的硬性消费支出，就应当提前预留出来。而其他能节省的地方就尽量做到不浪费，比如尽量自己做饭，少叫外卖或下餐馆；出行时尽量选择公交、地铁等交通工具，而不是出租车；购物时尽量减少非必需品的开支，等等。

实现节流之后，下一步就是建立一个强迫储蓄机制。许多"月光族"之所以存不下钱，除了不懂得控制自己的消费欲望之外，还有一个原因就是缺乏储蓄的意识。而建立强迫储蓄机制，从方面来说，其实也能有效帮助"月光族"控制消费欲望。比如可以考虑购买一些需要固定投入一部分资金的基金或商业保险，或者在领到薪水之后就立即拿出一部分，存入一张不随便动用的银行卡中，选择期限较长且不能随便取出的存款方式等。

再次，开拓事业、提高收入也是尤为重要的。毕竟如果收入不能提升，那么再怎么节流，我们所能得到的财富也是极为有限的，想要摆脱贫穷，在节流之余我们还得学会开源，而开源最好的方式就是提升自己的工作能力和业务水平，找到最适合自己发展的方向,继而全力以赴地奋斗拼搏,最终实现财务自由。

最后,需要提醒每一个人的是,人生总是充斥着各种各样的意外,没有谁能保证一辈子都一帆风顺,所以无论何时,未雨绸缪地做好个人保障是非常重要的,所以不妨为自己选择一份合适的保险,让保险公司和你共同承担风险,这样在意外降临的时候,也不至于手忙脚乱,给自己和家人增添负担。

第 3 课　一个人理财已很难，
　　　　　婚后二人世界怎么办

结婚就像两个企业联合经营，需要规则，更需要磨合；需要学会为彼此考虑，更要学会承担更大的责任。从个人理财迈入家庭理财，关键在于观念和习惯的转变，只有懂得共同进退、共同协作，才能把日子过得越来越好，让家庭财富实现最优化。

第 3 课 一个人理财已很难，婚后二人世界怎么办

低成本婚礼，一样可以很"高端"

每个人年轻的时候或许都曾幻想过，自己以后一定要举办一个盛大的婚礼，要给另一半的手指上套个"鸽子蛋"，要用最美丽的鲜花铺满红毯……但年纪大了之后才会明白，婚姻是否幸福，关键不在婚礼的场面有多大，而是在于之后的日子怎么过。

于是，越来越多的人开始趋向于举办一个低成本的婚礼，不再追求场面有多宏大，也不再将婚礼当成面子的竞争和虚荣心的炫耀，以此来减少婚宴造成的经济负担。但即便如此，结婚对于每个人来说依然是生命中一件非常重要的事情，哪怕追求低成本，人们也希望自己的婚礼能够办得物超所值，高端大气上档次！

其实，这并非是不可能的，事实上，只要做好统筹安排，把每一分钱都花到刀刃上，即便低成本，也能打造出"高端"的婚礼。比如曲楠和杜斌这对新人的婚礼，就是精打细算出来的"低成本、高配置"。

曲楠和杜斌都是普通上班族，工薪阶层，双方的家庭也不算富裕。婚礼之前，买房和装修就几乎花光了积蓄，虽然

父母拿出了一部分资金来"赞助"他们筹备婚礼，但小两口也不打算铺张浪费，毕竟相比婚礼来说，今后舒舒坦坦地过日子才更重要。

当然了，即便想要精打细算，婚礼也不能太简陋，总不能让外人看了笑话。为了以较少的花费办好一场风风光光的婚礼，曲楠和杜斌决定做一个详细的计划，力求把每一分钱都花在刀刃上，坚决抵制任何浪费。

很快，曲楠和杜斌就制定出了一份举办婚礼的预算。为了省钱，他们决定将婚礼地点定在亲戚家的饭店，因为考虑到亲朋好友们的时间，所以他们打算把婚期定在国庆期间。但问题是，这段时间简直称得上是"结婚高峰期"，各大酒楼和饭店都已经安排得满满当当，亲戚家的饭店也不例外。

就在他们考虑要不要改婚期的时候，曲楠却突然萌生出了一个新想法，她通过亲戚联系到了当天打算举行婚礼的另一对新人，并向他们提出了"拼婚"的想法。原本曲楠提出这个想法的时候心里还是比较紧张的，却没想到对方立刻就同意了，双方一拍即合。如此一来，许多婚礼现场的布置花费以及酒店的场地费等都能双方共享，曲楠和杜斌节省下了一大笔开支。而且，由于"拼婚"的关系，参加婚礼的客人看上去显得非常多，整个场面也显得极为热闹。

随后，在购买婚纱的时候，曲楠又通过与店家协商，让对方答应在婚礼结束之后，由设计师免费帮忙将婚纱改成平日参加宴会也可以穿的小礼服，这样一来，即便婚礼之后，婚纱也不会闲置，避免了浪费。

在商议婚礼上摆放的鲜花问题时，杜斌原本建议可以改用绢花，绢花要比鲜花便宜很多。但考虑到视觉效果，曲楠还是否定了这一建议。后来，在朋友的建议下，曲楠前往鲜花市场购置了一些时令鲜花来作为主要的装饰花，然后又低价购置了一批藤类绿叶植物来作为搭配，如此一来，不仅场景布置得颇有自然气息，价钱更是比用纯鲜花装饰节省了近三分之二。至于婚礼的摄影师和主持人，曲楠和杜斌也没有通过婚庆公司聘请，而是邀请了他们大学时候的同学来帮忙"客串"。

另外，有部分客人家不在本市，参加婚礼之后需要安排他们的住宿问题。恰好婚礼举办的酒店附近有面向学生出租的公寓，按天收费，曲楠和杜斌包下了几间房来安排客人的住宿问题，花费比附近的宾馆酒店便宜约三分之一。

举办婚礼其实就像装修房子一样，如果不提前做好预算控制，就很可能会在过程中因为各种各样的原因而发生变化。比如原本计划5万元举办的婚礼，这里添一笔，那里加一划，不知不觉预算就超出了。所以，要想在婚礼上"不差钱"，以低成本打造出高配置，就要注意以下几个方面的问题。

第一，提前做好支出预算。

不想婚礼花钱超支，预算一定要做好，这样才能在花钱的时候做到心中有数，不至于一冲动就放飞自我。

在做婚礼预算支出的时候，一定要记得越详细越好，预算做得越详细越全面，就越不容易出现"计划外"的花费。通常来说，婚礼中的必要开支包括请帖、喜糖、婚纱照、录像、婚车、司仪、酒席等，如果为了结婚专门装修房子，那么装修费用也应该列入婚礼预算中。但是购置房屋的费用，因为数额巨大，最好单独列出。

如果为了省事而让婚庆公司张罗，那么一定要注意事先约定好费用所包含的服务项目，以免重复计算项目支出，造成不必要的浪费。

第二，剔除不必要的费用。

既然要打造低成本婚礼，那么一些不必要的支出自然是能省则省的。比如有条件的话可以考虑请亲友来担当司仪；找懂摄影的朋友来帮忙做婚礼摄像；在派发烟酒的时候，也可以通过一些方式来严格控制，避免重复派发；借用朋友的车来做婚车，等等。这些事项单独看上去花费不算很多，但累加起来的数目绝对可观。

除此之外，一些婚礼的"附加项目"也可以尽量节俭，比如蜜月旅行等，不妨选择较近的地方出游，同样可以获得不少乐趣。

第三，压缩必需品的支出。

将所有非必要的支出刨除之后，必需品的支出实际上还能再继续"压缩"。比如烟酒、喜糖、饮料等，通过网络购买比直接在超市或商店购买要便宜得多。也可以在商场或超市做活动的时候，趁机购入折扣产品。另外，自己动手包装喜糖，也比直接购买包装好的喜糖要划算得多。

钱往一处花，才能让家庭财富最优化

结婚之后，最大的变化当属财务状况的变化了。没结婚之前，很多人过的大概就是"一人吃饱，全家不饿"的日子，自己赚的钱只需要负担自己的花销即可；而在结婚之后，有了家庭的责任，需要考虑的问题就多了，花钱自然也就不能再像从前那样随心所欲。既是夫妻，自然应当一体同心，做到心往一处使，钱往一处花，才能让家庭财富最优化，让日子越过越红火。

李威和张静是一对"90后小夫妻"。李威今年25岁，在某软件公司担任部门经理，月薪8000元，年末还有额外奖金2万元左右。张静今年24岁，在某小学担任教师，月薪3000元。夫妻俩都有三险一金，所以没有额外再购买其他商业保险。现在，两人有3万元的定期存款和3万元的活期存款，以及一套85平方米的两室一厅套房,市价约为60万元,贷款尚未付清,还余25万元左右。目前夫妻俩的月支出包括按揭在内大约7000元。

婚后两人对未来的短期计划如下:两年之内要个小孩,并购置一辆10万元左右的家庭用车。孩子出生之后,准备将父母从老家接过来,帮忙带小孩,这就意味着未来家庭成员将会有所增加,需要更换一套三室两厅的房子。

为了实现这一计划,夫妻俩专门找了一位专业的理财专家做咨询,希望专家能给出合理的理财建议,来帮助他们实现目标。

以下即为理财专家给出的建议:

第一,专家认为,李威和张静夫妻俩属于刚刚才成立的两口之家,处于家庭形成的初级阶段。在这个阶段,双方在财务方面还习惯于彼此经济独立。两人储蓄不算多,但消费欲望显然并不低,这一点将会是他们在短期内需要解决的最大问题之一。毕竟根据他们的目标,在未来几年内,他们将会面临一系列的育儿、购车、换房等经济问题,家庭开支必然逐步增加。所以开源节流,做好各种投资理财规划,是他们接下来需要重点关注的问题。

第二,对于一个家庭来说,预留一笔随时可调取的紧急预备金是非常必要的,通常来说,建议预留家庭3~6个月的总开销数目作为预备金数额。目前两人的流动资金，即活期存款为3万元，可以考虑将其中2万元留作家庭预备金，另外的1万元则用于投资理财。

第三，既然已经结婚，那就意味着夫妻双方要共同承担起家庭的责任。因此，在结婚之后，夫妻两人的消费观念都应该有所转变，不能再像从前一样随心所欲。比如李威和张静夫妻，如果能将每月消费做一个调整，尽量减少那些非必要的消费项目，把生活开支从7000元左右控制到5000元以内，那么每月就能有6000元左右的结余。

第四，虽然以夫妻俩的收入情况来看，完全负担得起一辆不错的新车，但考虑到可能很快就会有小孩，加上之后想要换房的问题，所以最好考虑用按揭付款的方式去购车。另外，每月结余的6000元中，可以拿出4000元左右进行基金定投，以增加资金的收益。

第五，夫妻俩的换房计划可以适当延后。按照李威和张静的计划，一套三室两厅的房子，至少有120平方米左右，按照普通一二线城市的房价计算，起码也要花费100万元左右，加上15万元左右的装修费用，这是一笔很大的开销。而且，第二次置业有很多优惠都是不能享受的，如果要在两年内实现换房，将会给家庭增加很大的负担。所以，不妨将换房计划推迟到孩子3岁左右的时候再作考虑。

第六，子女的教育和夫妻俩未来的养老规划也是亟待考虑的问题。比如在孩子出生之后，可以考虑以基金定投的方式，来为孩子储蓄一笔教育资金。由于孩子出生之后，家庭日常开销必然会加大，为了不影响日常生活，每月的基金定投可以控制到3000元左右。假设以8%的平均年收益复利计算，那么孩子小学还没毕业，这笔教育资金就能累积到40万元左右了。

第七，如果认为目前的理财方式还比较单一，不能完全满足资产增值的需要，那么夫妻俩可以将现有的定期存款和每年年终奖等结余资金都拿出来，进行一个较为详尽的理财配置。需要注意的是，如果夫妻双方都没有投资经验，那么最好不要考虑炒股或做期货这样风险较大的投资。可以选择基金或者某些收益较为稳定的银行理财产品。在具体的配置上，从李威和张静的实际情况出发，可以考虑用50%的资金投资股票型基金，30%投资混合型及债券型基金，20%投资银行理财产品。只要长期坚持下去，必然能得到不错的收益。

第八，为了让家庭多一重保障，除了三险一金之外，夫妻俩最好能再购买一些相关的商业保险，以加大对自身和家庭的保障。在购置保险的时候，建议将保费控制在家庭总收入的10%左右。在选择保险险种的时候，建议夫妻俩重点考虑补充配置寿险、重疾险和意外伤害险等。作为家庭主要经济支柱的李威还可考虑购买一份定期寿险。

结婚不仅只是两个人凑在一起过日子。组成一个家庭，不仅需要有足够的经济基础来支撑，同时也需要两个人能够共同面对两种完全不同生活方式的重组以及彼此的性格磨合。但是，这些也都还不是最重要的，最为关键的问题是结婚以后的两个人应该如何面对理财观念的碰撞，这也就意味着两个人在今后的生活中如何对家庭理财做到既精打细算又面面俱到，如何为创造幸福的家庭打下坚实的经济基础。

给孩子一份保险，给家庭多一份保障

对于任何一个有孩子的家庭来说，孩子都是非常重要的，他们不仅是父母生命的延续，同时也是家庭快乐的源泉。为人父母，谁都希望自己的孩子能够健康成长，但我们也不得不承认，在孩子成长的过程中，总会遇到各种各样的意外，而这些意外往往都是难以预料的，可能是天灾，也可能是人祸。

作为父母，无论何时，我们都愿意为孩子倾尽一切，这是毋庸置疑的。但也正是因为如此，现实中存在着许多因意外降临在孩子身上而被拖垮的家庭，比如意外人身伤害、重大疾病等等。虽然这些意外我们无法预测也难以阻止，但我们却可以通过合理的保险规划，多给孩子和家庭一份保障。

客观来说，为孩子建立合适的保险规划，能够在孩子成长的过程中，为我们带来三个方面的好处。

第一，减轻意外伤害带来的压力。

大部分孩子都生性好动，尤其是年龄不大的时候，他们对危险的认知还懵懵懂懂，不知道做什么事情会带来怎样的伤害。有关部门曾对全国11个城市4万多名少年儿童进行过一项调查，结果显示，我国每年都有20%~40%的儿童因意外伤害身故、残疾或者进行医学治疗。可以说，儿童意外伤害已经成为当今非常严重的社会、经济以及医疗问题之一。

所以，作为家长，给孩子投保一份意外保险是非常有必要的，这不仅是对孩子负责，更是对家庭负责。而且通常来说，这类保险是消费型保险，价格往往不会太贵，一年下来费用大约只需要几百元。

第二，降低医疗问题带来的负担。

在自然界中，任何动物的幼崽相对于成年个体来说都是极其脆弱的，人类也不例外。尤其是现在许多重大疾病还有年轻化、低龄化的趋向，而重大疾病的高额医疗费用也成为拖垮不少家庭的沉重负担。故而，利用保险来分担孩子的医疗费用支出已经成为投保儿童保险所需要考虑的重要因素之一。

通常来说，重大疾病类的保险，投保人年龄越小费用就越低。

第三，储备未来的教育基金。

在孩子成长的过程中，教育方面的支出绝对是所有花费中的一大"巨头"。有人算过一笔账，在上海，一个孩子从出生到大学毕业参加工作，所有与学习相关的花费大约需要48万元，这其中还不包括孩子上钢琴、绘画、球类等兴趣班的费用，也不考虑物价增长等因素的影响。可见，孩子的教育支出对于普通家庭来说，确实是一大负担，因此，不妨考虑选择一些保额逐年递增或者有分红的保险品种来作为孩子的教育基金储备，从而减轻家庭负担。

从以上几点可以看到，给孩子投保无论对于孩子还是家庭来说都是好处多多的，但需要注意的是，在给孩子投保的时候，我们应该学会科学理性地进行选择，不要被市面上五花八门的保险类目迷花了眼，白白浪费保费。以下是一些给孩子投保时需要注意的窍门，牢牢把握其中关键，就能为孩子和家庭增加一顶保护伞。

第一，遵循"先近后远，先急后缓"的投保原则。

在给孩子投保的时候，很多家长因为怕麻烦，便总想着"一步到位"，一次性把所有需要的保险都买全。其实这是没有必要的，保险也是一种消费，而我们对保险的需求往往也会因为具体情况的改变而发生变化。所以，在给孩子投保时，我们要记住遵循"先近后远，先急后缓"的投保原则，少儿期易发的风险应先投保，离少儿较远的风险后投保。

第二，先保"大"，再保"小"。

许多收入不高的家庭在投保时，往往习惯优先为孩子投保，却忽略大人本身，这其实是非常不对的。要知道，大人不仅是家庭的经济支柱，同时也是孩子最重要的保护伞。孩子发生意外除了保险之外，还有大人可以作为依靠，但如果大人发生意外，又没有相应的保险，那么很可能会让整个家庭都陷入困境。

第三，注意学校购买的学平险。

通常来说，很多学校都会组织孩子购买学平险，学平险是一种团体险，费用低保障高，是孩子成长过程中性价比非常高的保险。如果孩子已经上学，并且在学校购买了学平险，那么家长要记得及时缴费。

第四，缴费期不需太长。

之前说过，在不同的情况下，孩子对保险类别的需要也不同。因此在给孩子投保时，不需要选择那些缴费期过长的保险，主要集中在孩子成年之前即可。待孩子成年之后，再让他根据自己的具体需求选择适合自己的保险。

第五，保险期不需太长。

对于资金储备不是太富余的家庭而言，尤其是在家长连自己的养老金都还没有储备足够的情况下，我们没有必要过早地为孩子过于遥远的未来做考虑，比如孩子的养老问题。通常来说，在给孩子投保时，保险期限到孩子大学毕业是最为合适的，之后就等孩子步入社会之后，再根据自己的实际需求来进行选择。

第六，保额不需超限。

在为孩子投保如定期寿险和意外险这类以死亡作为赔偿条件的保险时，累计保额不要超过10万元，这是中国银保监会为防范道德风险所做的硬性规定，超出部分即使付了保费也是无效的。

第七，先重保障后重教育。

保险最基本的功能是保障，而不是投资。所以在为孩子投保时，父母要记得先重保障，之后再去考虑教育问题。毕竟从比例上来说，孩子遭受意外伤害的概率，以及头疼脑热、生病住院的概率等，往往要比成年人高很多。因此，根据保险专家的建议，家长为孩子投保时，最佳顺序应是：意外险、医疗险、少儿重大疾病保险。最后再考虑关于教育金类的保险。

第八，购买豁免附加险。

需要特别注意的是，在购买保险时候，最好同时购买豁免保费附加险，这样可以在一定程度上避免当父母因某些原因无力续保时，孩子完全失去保障。

丁克家庭：务必给未来留条后路

在从前，传宗接代在人们心中是头等大事，哪怕生活过得再艰难，也要铆足了劲儿地生孩子。但如今，观念已经变了，越来越多的年轻人开始走向"丁克"一族，即便结了婚也不打算要孩子。据不完全统计，中国的大中型城市中，已经出现了至少60万个"丁克家庭"。

"丁克"一词来源于英文"DINK",即"Double Income No Kids",指的就是那些有生育能力但选择不生育的人。很多夫妇之所以加入"丁克家庭",有主观原因,也有客观原因。有的人可能是因为自己不喜欢孩子,或者并未做好准备去担负另一个人的人生,也有的人是因为现代社会压力日益增大,无力再去承受更多的压力。但不管是出于哪一种原因,我们都不得不承认,"丁克家庭"已经成为现代社会一种非常常见的生活模式。

中国自古以来都有"养儿防老"的说法,年轻时候,父母为儿女奉献一切,等以后父母年纪大了,便是儿女反哺尽孝的时候。或许正是因为这一观念的影响,所以很多人在年轻的时候都不太会有意识地去计划养老问题。但如果你已经决定加入"丁克"一族,又不想给未来留下后顾之忧,那么恐怕再没有比养老更重要的理财规划了。

孟女士35岁,是一名全职家庭主妇,她的丈夫刘先生刚过40岁,是一名自由撰稿人。早在结婚之初,孟女士和刘先生就已经商议决定不要孩子了,因此他们一直过着两人世界。

孟女士家境不错,刘先生的收入也比较高,两人现在的家庭总资产大约有1031万元,包括一间市值350万的商铺,一套市值28万的商品房用于出租,一套市值380万的商品房用于自住,以及存款2万元和价值19万元的股票。刘先生每个月的平均收入大约有6500元，另外还有商铺出租的3000元和住房出租的800元收入。也就是说，孟女士和刘先生的家庭月总收入大概有10300元。两人家庭月支出大约是4250元，每个月可结余约6050元。没有负债。

随着年纪越来越大，孟女士和刘先生已经开始思考养老问题，由于没有孩子，他们一方面不知道该怎么处理以后的房产和商铺等资产；另一方面也不知道该如何保障自己的晚年生活。

很显然，孟女士和刘先生虽然很早就已经明确了要加入"丁克家庭"，但观念上却还没有完全建立起"养老意识"。所以在对于未来的养老生活准备上，还有很多的漏洞与不足。

我们可以来测算一下孟女士和刘先生的几项家庭核心财务指标：负债率（总负债/总资产）为0，支出率（年支出/年收入，51000／123600）为41.26%，流动性比率（流动性资产/每月支出，20000／4250）为4.71。

再来对照一下理财专家给出的合适指标：家庭的资产负债比率在50%以内，支出比率小于40%，而流动性比率小于3。

从对比中就能看出，孟女士和刘先生的家庭财务状况明显存在三个问题：一是资产负债安全度过高；二是金融资产投资组合单一，风险较大；三是缺乏医疗和养老方面的保险，家庭风险防范力度弱，尤其是作为家庭主要经济支柱的刘先生，一旦遭遇变故，必然会给家庭带来毁灭性的打击。

可以说，对于"丁克家庭"而言，最为重要的事情，就是提前储备养老金。虽然孟女士和刘先生一家没有什么负债，不动产也比较多，还有一些存款，但却严重缺乏保险意识。要知道，随着年龄的增大，越来越多的毛病都会纷至沓来，尤其是刘先生，在强大的工作压力之下，很难保证身体的健康状况。因此，考虑到退休以后收入将骤减，以及在未来可能需要面对昂贵的医疗费用等问题，想要快乐地度过晚年生活，孟女士和刘先生就必须要懂得提前为自己制订一份完善的养老计划。

作为凡事都要"自力更生"的"丁克家庭"，提高风险防范能力是非常重要的。理财专家建议，"丁克家庭"最好能够拿出15%左右的年收入来给夫妻双方进行投保，合适的保险包括重大疾病保险、年金保险以及两全保险等。此外，还可以考虑附加一些医疗赔偿类的保险，确保自己在未来老有所依、老有所养。

尤其是作为家中顶梁柱的刘先生，购置一份重大疾病保险是非常必要的，这样至少可以保证，万一以后患上重大疾病，也能有能力渡过难关，整个家庭也不至于被巨额的医疗费用所拖垮，也不需要手足无措地清空一切动产或不动产，最大限度保存下收益。

客观来说，在社会压力日渐加剧的今天，"丁克家庭"确实也有其好处，至少夫妻在年轻时候不需要为养育孩子的问题而发愁，也不需要为了照顾孩子而放弃自己事业方面的发展，生活质量往往也会高于普通家庭。可以说，在财务状况上，"丁克家庭"往往要比一般家庭自由得多。

但相应的，丁克也有丁克的烦恼，其中最突出的自然就是未来的养老问题。没有孩子，就意味着未来缺乏有力的依靠，一切只能靠自己。因此，相比于普通家庭来说，"丁克家庭"更需要慎重地考虑和计划养老问题。所以，如果你已经决定加入"丁克一族"，那么就应该早早把未来的养老问题计划起来，利用好"丁克家庭"在理财方面的优势，更好地进行投资理财，给未来留一条后路。

需要注意的是，一般而言，每个家庭的应急准备金都不可低于投资资产的10%，这部分资金是必须留出来的，以应对可能出现的家庭突发状况。在投资理财方面，债券型基金和股票型基金等都是不错的选择，可以考虑采用"定期定额"的方式来进行投资。但基金投资最好长线持有，其收益率要高于储蓄，但风险仍在可控范围。

小心！家庭理财的误区

婚前婚后，日子总是有所差别的。没有踏入婚姻，不需背负家庭责任的时候，人自然可以任性一些；一旦步入婚姻生活，我们的肩上就都背负起了家庭的责任，不管做什么事情，都不能再只考虑自己，而没有长久的规划和安排了。尤其是在理财方面，家庭理财与个人理财之间是存在很大差异的，如果不能将观念扭转过来，必然会对家庭理财造成严重影响。

秦诚没结婚之前就已经是资深老股民了，结婚后也没停下手里的股票投资，虽说有赚有赔，但秦诚眼光不错，总体来说还是赚得比较多的。因此，秦诚的妻子虽然一直觉得炒股这事不太靠谱，但也只是提醒了几次，没有过分干预秦诚。

有一次，秦诚在参加一个饭局的时候，从一个朋友那里得到了些小道消息，知道有几只个股近期会有大动作。作为一个资深老股民，秦诚当然不会放弃这个机会，但问题是，他现在手头上没有多少可用于投资的资金了，如果说把其他的股票基金赎出来，又还不到时候，损失了收益不划算。怎么办呢？

想来想去，秦诚把主意打在了存在银行里的那笔家庭应急储备金上，那是在妻子强烈要求下夫妻俩存的一笔钱，至今也没怎么动用过。秦诚想，反正就是拿去炒个短线，前后至多一个月，钱就能再存回来，应当不会有什么影响。于是便偷偷背着妻子动用了那笔钱。

结果，秦诚还真是运气不太好。这才刚把那笔钱偷偷拿去买了股票，没几天，家里就还真要用上这笔钱了。一是

第3课 一个人理财已很难，婚后二人世界怎么办

秦诚父亲生病住院，社保报销比率不大，而且很多进口药都不在报销范围内；二是孩子要上学了，秦诚的妻子四处托关系，总算得了一个自费名额。加上不久之前，秦诚和妻子才刚刚买了车，手里本就没有什么闲钱，可动用的，也就只剩下那笔存了许久的储备金了。

最终可想而知，妻子很快就知道秦诚背着她动用那笔钱买了股票，两人大吵一架，妻子直接带着孩子回了娘家，什么都不管了。秦诚也只得硬着头皮四处去借钱，想尽办法得把眼前的难关撑过去。

之所以造成这样的结局，说到底还是因为秦诚在结婚之后，没能及时转变自己的理财观念。在单身的时候，反正是一人吃饱全家不饿的状态，哪怕想要冒险去资本市场里拼一拼，咬咬牙也还是能承担起相应的风险的；但有了家庭就不同了，你除了需要考虑自己的风险承受能力之外，更应该考虑的，是家庭的保障问题。

很多人在结婚之后，常常会在财务方面出这样那样的问题，其实就是因为观念转换不及时，以至于踏入了家庭理财的误区，给自己惹麻烦的同时，也损害了家庭的长远利益。那么，在家庭理财方面，到底都存在着哪些误区，需要我们小心提防呢？

第一，缺乏正确的理财观念。

理财是一种生活方式的选择，而不是一种投机。我们理财，为的是让手中的资产实现最优配置，保障日常生活稳定的同时促

进资产增值。家庭理财更是应该把家庭的稳固性放在第一位，而不是将投资理财当作是可以让你一夜暴富的方式。

第二，盲目投资，缺乏主见。

适合自己的投资方式就是最好的投资方式。很多家庭却不明白这个道理，也不知道自己到底适合什么投资方式，就只知道盲目跟风投资，听说别人投资什么赚钱他们就投资什么，完全不懂得考虑家庭的风险承受能力。结果最后，不仅钱没赚到，就连本金都可能搭进去。

在投资之前，投资者应该学会按照家庭的实际情况来选择适合自己的理财方案，然后在安排好家庭目前和未来生活的前提下，做好充分准备，再考虑关于投资的种种事情。

第三，过度投资，增加风险。

组建家庭之后，投资者应该根据家庭的实际情况重新进行资产配置，尤其应该积极控制好债务问题。在做家庭投资理财的时候，一定要避免过度投资，增加风险。需要注意的是，做任何的投资理财规划，都应该有一个坚持不变的大前提，即不影响正常的家庭生活，更不能为投资就盲目降低家庭生活质量，要记住，投资理财是为了让日子过得更好，千万不要本末倒置。

第四，目光短浅，计划不周。

家庭理财应该更注重长远性和稳定性，如果只顾眼前的利益，却没有考虑未来可能会出现的成本与风险，那么是很容易出问题，甚至导致最后血本无归的。

所以，在家庭投资理财的过程中，尤其是在进行大笔的投资或创业计划之前，一定要将目光放长远，考虑到未来可能出现的一切状况，包括成本、收益和风险，做好周密的计划与安排后，再具体开始实施。

第五，没有整体、长期的理财规划。

理财是一种长期的人生计划，可以贯穿我们的一生。无论处于人生的哪一个阶段，理财都能帮助我们把眼下生活安排好的同时，未雨绸缪地为将来做计划。

很多家庭并没有认识到理财对于人生的真正意义，只肤浅地将理财看作是一种获取短期收益的投资方式，因而在制订理财计划的时候，只看得见眼前的小利益，却不懂得为长远的未来做打算，也不懂得对家庭的风险承受能力做出统筹规划，结果就只能导致短时间内或许还能赚得多，可一旦投资过程中出现问题，就会直接影响到生活。

第六，盲目追求"低风险、高收益"理财产品。

每个投资者都希望在风险可控的情况下，收益越高越好；而在收益稳定的情况下，自然是风险越小越好。但在现实生活中，风险与收益往往是成正比的，高收益永远伴随高风险，低风险就只能得到低收益。

所以，在进行家庭理财的时候，投资者一定要认清楚这个事实，不要盲目地去追求所谓的"低风险、高收益"理财产品，要知道，打出这类名头的理财产品，要么就可能是骗子，要么就可能存在没有摆到明面上的隐形风险,务必要谨慎对待。

第七,家庭资产配置不当。

从家庭理财的角度上来看,每个家庭根据实际情况的变化可以分为不同的理财阶段。不同的阶段家庭收入、支出、风险承受能力以及理财目标也都不尽相同。因此,每个家庭都应该根据不同阶段的情况,来为自己设置阶段性的生活和投资目标,时刻调整资产的配置情况和相应的投资策略,以免因家庭资产配置不当而导致资产受到损失。

第八,缺乏分散风险的意识。

无论何时投资专家都会提醒我们,做投资理财的时候,一定要树立分散风险的意识,不要"把鸡蛋全部放在一个篮子里"。

因此,在做家庭理财规划的时候,千万不能为了方便就把大笔资金投入单一的投资领域,要懂得分散风险,按照一定的投资组合方式,将资金按照家庭实际情况分配到包括定期储蓄、债券、房地产、基金以及股票中,让投资项目更加多样化,这样才能更好地防范风险。

第九,缺乏正确的保险意识。

很多家庭在购买保险的时候,都容易走向两个极端,要么就是够买过量的保险;要么就是根本不买保险。这两种方法其实都是不对的,保险的最根本目的是帮助投保人转移风险,增强风险防范能力。所以,保险是一定要买的,但具体怎么买,还是要视实际情况来定,不要盲目购买。

第4课 会挣钱只是本事，会花钱才是大事

财富的积累不外乎两大途径：开源与节流。会开源、懂挣钱是本事，而能节流、会花钱那才是大事。不会花钱的人，钱赚得再多也只能如泥牛入海，连个水漂都没有就杳无音信了。而会花钱的人，哪怕钱赚得再少，也能在有限的财力范围内，实现最优渥的生活。所以，人要会挣钱，更要会花钱。

奢侈品，就一定很有品位吗

对于奢侈品，大多数女人都是无法抗拒的，尤其是经济状况较好的新生代男女，更是将奢侈品看作是时尚与品位的象征。

其实，喜欢奢侈品不是什么错，只要经济状况允许，追求名牌还是大众品牌，注重奢侈还是实用，都没有什么关系。但如果只是为了虚荣而追求奢侈品，甚至因此而给自己的生活造成巨大的经济负担，那就得不偿失了。要知道，一个人有没有品位，关键并不在于这个人用不用得起奢侈品。

现在，很多年轻人对"奢侈品"的追求主要体现于两个方面：一是名牌商品；二是奢侈生活。

女白领王萌萌就是个钟爱名牌商品的人。王萌萌家境不错，没有什么家庭负担，平时工作忙，也没有什么特别嗜好，就喜欢逛街购物。遇到开心的事，逛街买东西庆祝；遇到不开心的事，逛街买东西发泄；无聊了，继续逛街买东西打发时间。而且，王萌萌买东西，还就只追求名牌，从不会去考虑什么"值不值"的问题。

在王萌萌看来，名牌所体现的是一种生活品位，名牌背后所蕴藏着的，是其独特的个性和力量，这是那些普通品牌根本比不上的。所以即便是款式相同的两个包包，王萌萌也不会因为便宜就选择普通品牌。

因为钟爱购物，王萌萌的衣柜里堆满了各种各样的衣服饰品，她最喜欢的事情就是根据不同的场合、不同的时间甚至是不同的心情给自己搭配衣服饰品，这让她感到非常满足，也是她展现自我的一种方式。

当然，即便是名牌商品，王萌萌也会喜新厌旧。每隔一段时间，为了清理出空间放置更多的新东西，她都会把用不上的东西或仅仅只穿过几次的衣服送给朋友，或以非常便宜的价格在网上通过二手商品交易的平台处理掉。

陈岚是一家高级女子会所的会员。这家女子会所在当地非常出名，包含了美容健身、社交娱乐、保健咨询、财经顾问、法律援助、艺术指导等服务，这里的餐厅、酒吧、休息厅、娱乐设施等标准几乎都能达到五星级酒店的水平。而与酒店相比，这里则显得更温馨也更亲和，既能满足女性客户全方位的生活需求，又能恰到好处地维护女性客户的隐私。

但凡是能够加入高级女子会所的会员，都具有一定的经济实力，毕竟这里光是入会费的最低门槛就要2万元，最高级别的VIP会员入会费更是达到了10万元，此外，会员每个月还要交纳1000元左右的会籍管理费，可以说相当奢侈了。

陈岚收入不错，但家庭条件比较一般，还处于没车没房的阶段。虽然身边的同事朋友都纷纷在为买车买房而省吃俭用地打拼,陈岚却宁愿把钱花在会所里。在陈岚看来,拥有这样一张会员卡不仅仅只是多了一个休闲娱乐的去处,更暗示了一种有别于其他人的身份与地位,同时也是一个接触更高层次人的机会。因此,对陈岚来说,自己既是个辛辛苦苦的"负翁",却也很享受这种被人"刮目相看"的感觉。

选择什么样的生活是每个人的自由,无论是王萌萌还是陈岚,其实都只是选择了自己认为对的生活方式。还是那句话,只要你所追求的"奢侈"是你所能够承受得起的,并且清晰地明白自己是为了什么而追求,那么就谈不上什么对错,只是观念的不同罢了。

或许在老一辈人眼中,对奢侈品的追求是一种完全没有必要的"浪费",他们更奉行节俭克制的生活。但如今,时代在进步,赞同"把生活点缀成艺术"的人已经越来越多,追求奢侈在大众看来也已经不是什么稀奇的事情,尤其是很多大都市的年轻人,已经"自觉"加入了"奢侈生活"的行列,甚至引以为自豪。

其实,客观来说,奢侈消费不一定都是虚荣心消费,奢侈的定义应该是相对的,既取决于社会的平均收入水平,也取决于每个人的经济水平和心理感受,而且是因时因人因地而异的。比如一个二十万的皮包,对于亿万富翁来说,那简直称得上的"节侈"了，但对于一个月收入只有三千块的工薪族来说，那绝对称得上是奢侈品。

所以说，在现代社会，你有足够的能力去奢侈，不见得是坏事，这起码说明你的赚钱能力很不错。如果花钱能够让你的生活变得更充实、更有质量，能够让你得到更多的满足，那么即便追求奢侈品，又有什么问题呢？要知道，在十几年前，手机、家用电脑、空调等等，在普通老百姓看来还属于奢侈品的范畴呢，但放到今天，这些东西早就已经成为万千家庭的"标配"了。

当然了，奢侈也是把双刃剑。现在，社会上确实拥有一种用物质的获得来判断成功的不良趋向，很多人为了彰显自己的"身份"和"地位"，为了满足自己的虚荣心，一味盲目地追求奢侈品，甚至远远超出了自己的经济承受能力。背着几十万的皮包吃泡面、坐公车；为了买高档化妆品把自己逼成"卡奴"；举债度日也要打肿脸充胖子地维持奢侈生活——这样的人在现实生活中比比皆是，他们对奢侈品的追求已经成为一种病态，终有一天会把自己的日子弄得一败涂地。

追求更高层次的生活方式，更高质量的生活水平，甚至是更高档次的商品，这些都没有错。错的是看不清自己的能力和定位，沉迷物欲不可自拔。在追逐"奢侈"之前，每个人都应该先问一问自己，你的能力是否能够支撑起你的追求，你对"奢侈"的沉迷又究竟是为了什么？请记住，人的层次是由内在和灵魂所决定的，而不是由拥有多少奢侈品所决定的。

又"××节"了！怎样聪明地"买买买"

情人节怎么过？买买买！

妇女节怎么过？买买买！

劳动节怎么过？买买买！

双十一怎么过？买买买！

双十二怎么过？还是买买买！

……

为了生意兴隆，商家的妙计总是层出不穷，恨不得天天都能让消费者过上"购物节"。尤其是节日来临之际，更是给了广大"千手观音"们一个正大光明的消费理由，让无数前一日还在高呼"要剁手"的消费者继续沉沦在"买买买"的快感之中，持续着疯狂的"败家"行为！

于是，每每一到节假日，除了各大商家铺天盖地的优惠活动之外，各大银行也总是不甘寂寞地推出着各种促进消费的活动，积分翻倍、积分换机票、消费打折、积分送礼品等等，恨不得让你刷爆他们的卡。

面对这么多的诱惑，恐怕很少有人能坚守钱包的"大门"。当然了，适度的"败家"也没有什么错，毕竟钱赚来也总是要花的，但在"败家"之余，我们也当保持聪明理智的头脑，以免给自己留下无穷无尽的消费隐患。

通常来说，在节日期间，不论出行还是购物，出于方便等多种因素，很大一部分消费者都会将信用卡透支消费作为长假期间的主流消费方式。据统计数据显示，在大城市，长假期间的消费额中，至少有30%以上都是通过刷卡买单的，而在这其中，又有近一半是通过信用卡来实现的。

当然，促使人们使用信用卡的原因，除了方便之外，还因为各大商场与发卡银行之间的合作。在很多商场，刷指定的信用卡进行购物是可以得到积分，从而换购很多礼品的，这些诱人的礼品由于不需要花钱购买，只是用平时刷卡消费积累的积分换购，所以吸引了很多人为攒积分而疯狂地刷卡消费。

需要注意的是，在使用信用卡的时候，除了方便之外，还存在着许多隐患。有数据显示，在长假过后，通常会迎来信用卡逾期还款的高发期，之所以出现这样的状况，是因为有的人节后恢复正常工作较为忙碌，于是不小心便忘记了还款事宜；也有的人则是因为信用卡消费无节制，导致超额消费，无力还款。

不管怎么样，既然要通过"买买买"来庆贺节日的喜悦，那么就该小心谨慎地做好节后理财，消除节日"败家"行为所带来的种种隐患，学会聪明地消费，快乐地"败家"，这样才能真正花钱花得开心，花得物超所值。

那么，在痛快"败家"过后，究竟有哪些事情是需要我们小心留意的呢？

第一，盘点自己的消费情况，做到心中有"账"。

节后理财需要做的第一件事也是最关键的一件事，就是对自己在节日期间的消费情况做一个盘点和总结，这是非常重要的。尤其是当你有异地或境外刷卡消费的情况，更是应该及时通过银行网站等方式查询自己的消费记录，确保每一笔消费都有迹可循，若发现可疑的消费记录，一定要第一时间和银行方面取得联系，避免出现信用卡被盗刷的情况。

此外，在节日期间，很多人因为各种各样的理由"放飞自我"，导致很多消费其实都没有进行过计划性的安排，使得很多消费都显得非常"匆忙"，支出、收入更是一笔糊涂账。而做好节后消费盘点则可以让我们清楚地了解自己的消费情况，更好地安排接下来的生活消费。

尤其是对于那些在花钱方面控制力较弱的人，做好节后消费盘点更是尤为重要。在节日期间，这些人常常会因为无法控制自己的消费欲望而导致过度消费，甚至影响到往后的日常开支。如果能够及时在节后做好盘点和总结，明确自己的财务状况，那么就能提前做好相应的安排，更好地应对接下来一段时间大量消费过后的资金"真空期"。

第二，理财小技巧，度过资金短缺难关。

节后消费盘点所能带给我们的最大便利，就是明确自己的财务状况，从而能够更好地应对接下来可能出现的资金缺口较大或资金周转不灵的情况，并通过一些理财小技巧来度过这段时期。比如，为了缓解资金压力，在今后一段时间内尽量减少非刚需消费，以延迟现金需求；在资金周转不灵时，通过寻找短期兼职来增加收入，等等。

第三，及时还款，避免信用受影响。

如果你在节日期间的消费主要是通过信用卡，那么一定要确保能够及时还款。在信用卡深得人心的当下，清缴信用卡账单已经成为许多消费者在节后的第一个"重大支出"。这是非常重要的事情，及时还款不仅能够避免消费者遭受罚息等经济损失，更重要的是确保消费者的信用不受影响。

通常来说，信用卡的还款日都是固定日期，持卡人只要能在还款日之前将账单缴清，便不会存在罚息的情况。如果在清缴账单时资金出现问题，那么持卡人也可以暂时先清缴最低还款额，进行分期还款，这样虽然会被银行收取一定的利息，但对持卡人的信用不会造成任何影响。

需要注意的是，因为节后往往会迎来还款高峰，习惯通过银行柜台进行还款的持卡人最好在时间方面早做安排。此外，除了柜台还款之外，信用卡的还款方式还有很多，比如可以通过绑定信用卡与借记卡，实现自动还款；或者通过网上银行划转资金还款；还可以通过银联ATM机还款；目前还有"柜面通"业务，同样也能帮助持卡人轻松还款。

第四，做一个新的投资理财计划。

第 4 课 会挣钱只是本事，会花钱才是大事

做好还款安排之后，如果手中还有部分结余，那么就可以着手进行新的投资理财计划了。根据自己的资金状况，挑选合适的理财产品，让资金成为资本，这样才不至于坐吃山空。况且，或许不久之后，我们又该高呼：又到"XX节"了！然后开启"买买买"的模式，继续聪明地"败家"！

超市购物，这样做你就赚了

如今，超市已经成为绝大多数人日常购物的首选，尤其是身处大城市的上班族们，为了节约时间，无论是柴米油盐还是日化用品，几乎都会选择到商品齐全、价格便宜的大型超市购买，既省钱又省心。

常去超市购物的朋友想必都知道，在超市，最不缺的就是五花八门的优惠活动。今天鸡蛋特价，明天猪肉特卖；今天罐头买一赠一，明天香肠打折出售。此外还有许多超市都会有的一些固定优惠，如晚上熟食打折出售等等。更别说节假日期间，各种各样的优惠活动更是纷至沓来。

当然了，超市购物固然方便又便宜，但面对琳琅满目的商品，很多时候，我们都会一不小心就造成冲动性消费。就像来自上海的黄小姐所说的：

"我一直都有这样的观念,认为'超市的东西比外面要卖得便宜',所以每次逛超市的时候,我都不太注意商品的价格,总是看上什么就随手拿了放到购物车。而且总是容易产生一种错觉:反正东西很便宜,即使买多了也不会吃亏。结果,等到了付账的时候,才发现东西买得太多了,而且有很大一部分其实都是不必要购买的。但既然都已经在付账了,我也不好意思再把东西拿出去,只能全部买下。这样一来,每次逛超市,都要比预计的花更多钱,也不知道这究竟算是省钱还是浪费了!"

想必这样的情况不少常常逛超市的人都曾遇到过,面对琳琅满目的商品,既要能在其中找到自己的必需品,又要能够节制购物的欲望,尽可能降低花销,这确实不是件容易的事。更何况还有形形色色的优惠活动,不好好精打细算一番,恐怕是不能真正抓住超市购物的优惠"精髓"。

那么,在超市购物,究竟有哪些小窍门可以真正帮助我们"赚"了呢?

第一,购买真正需要的商品。

在超市购物的时候,最容易引发冲动性消费的,无疑正是优惠和打折活动。很多人都存在一种心理,觉得有便宜不占就是一种损失。所以很多时候,当看到某个商品非常便宜,或者有非常优惠的折扣时,即便可能自己并不是很需要,也依然会选择购买。但事实上,购买自己不需要的东西本身就是一种浪费,不管这件东西有多便宜,如果对你而言不是必需的,那么只要你购买了就是一种损失。

所以,在超市选购商品的时候,除了关注超市的优惠活动之外,更重要的是,请选择购买那些你真正需要的商品。

第二,周末购物优惠多。

如果时间允许的话,尽量将购物时间安排在周末。虽然周末超市人流量会比较多,但通常来说,大部分超市都会在周末推出一些优惠较大的酬宾活动,比如面包糕点买一送一,或者牛奶制品优惠出售,等等。所以,选择周末购物,往往能够遇到不少实惠的特价商品,这也是超市购物的一条省钱之道。

第三,晚上固定的大甩卖。

现在很多大型超市除了日化用品之外,也会出售水果蔬菜和生鲜熟食等保质期较短的商品。这类商品保鲜时间是比较短的,不可能像其他日化用品或密封零食那样长期存放,因此超市通常会在每天晚上固定的时间,对此类商品进行大甩卖,比如买一送一,或者半价出售。所以,如果时间允许,那么不妨在每天晚上的时候去超市走一遭,或许能购买到不少非常划算的东西。

第四,结账时丢一样。

现在的超市基本上都是自助式购物,即消费者自己推着购物车或拿着购物篮,见到心仪的商品便自主放入其中,最后再统一结账。在这个过程中,当看到一些可要可不要但是又偏偏很便宜的商品时，我们总是会忍不住就顺手放到购物车或购物篮里。当然，如果你有着极其强大的计划性和自制力，那么这种情况可能不会发生，但想必绝大多数人都很难做到这一点。所以，不妨试着养成每次在结账之前都从购物车或购物篮中丢弃一样商品的习惯，这样每次购物至少都能省下一件非必需商品的花费，时间一长也能积少成多。

第五，自备零钱。

随着社会经济的发展，生活水平的提高，一角两角那样的零钱也越来越少了。但很多超市商品的定价却又偏偏喜欢诸如"九块九"或"八块八"这样"吉利"的数字，因此在最后结账时，常常就会需要找补一角两角的零钱。很多超市在缺乏零钱的情况下，往往会用一块糖或者一个果冻来作为找补，这些东西虽然价值不高，但实际上也属于非必需商品的一种。因此，如果我们在结账时能够自备零钱，那么自然就能避免遭遇这种情况，而这些看似不起眼的零钱，日积月累下去，其实也是一笔不小的花费。

第六，现金付款而不是信用卡。

不可否认，刷卡消费确实是一件非常方便的事情，而且现在很多超市也都和发卡银行有合作，使用指定的信用卡刷卡消费时能获得一定积分或折扣。但如果你是一个很难控制自己购物欲望且自制力较差的人，那么最好还是尽量使用现金付款而不是信用卡，这会让你更清晰地认识自己的消费情况，从而在一定程度上遏制消费的欲望。

第七,结账时记得核对账单。

在结账时记得一定要核对账单,不要害怕麻烦。收银员也是人,工作也可能会出错,尤其是在顾客较多的情况下。及时核对账单,发现问题也可当场解决,否则一旦离开柜台,再出什么问题也就难以说清了。所以,为了避免造成不必要的损失,还是养成核对账单的习惯吧!

世界那么大,没钱也能去看看

世界这么大,谁都想去看看,可是没钱又能怎么办呢?这大概是许多旅游爱好者们最难以言说的痛了。

随着生活水平的提高,出门旅游已经成为越来越多的人所推崇的休假方式。假期外出旅游,不仅能够放松自己的心情,亲近大自然,还能增长见识,获得新的生活体验。但不得不说,这种休假方式对于大多数工薪族而言确实是一笔非常巨大的支出,很多工薪族并没有多少钱来支持自己进行一场说走就走的奢侈旅行。

那么,究竟有没有什么窍门,可以帮助我们打造一场简单实惠的旅行,让我们即便没有雄厚的财力,也能时常去看看这个广大又精彩的世界呢?答案其实很简单,来试试精打细算的"穷游"吧！

第一，设计合理的旅游路线，少走重复路。

对于普通的上班族来说，能够拥有的正常休假时间是极其有限的，所以在外出旅游的时候，一定要做好路线的规划，尽量少走重复的路程，这样不仅可以最大限度地节约时间，同时也能省下不少不必要的花费。

如果你对旅游景点感兴趣，那么在制订旅游路线之前，不妨先通过网络对各个景点进行一些筛选，比如某些重复建造的景观就可以直接排除，因为这样的景点基本上可以说是随处可见的，没有必要浪费时间和金钱去参观。

此外，如果身体条件允许，在旅游时，尽量不要去坐缆车或索道，这样不仅能省下大笔花费，还能让你更深切地体会这些景点的魅力所在。同时，不妨空出一些时间去逛逛街，看看所到城市的风土人情，这不仅能省下不少门票钱，还能在游玩中增长见识，陶冶性情。

第二，选择经济实惠的交通工具。

如果你选择自费旅游，那么摆在你眼前的第一个问题就是选择出行的交通工具。不同的交通工具有着各自不同的利弊，在价钱方面也存在着非常巨大的差异。比如坐火车需要时间就比坐飞机要长，但通常来说，飞机票的价格也要比火车票贵不少。对于收入不高的家庭来说，如果是全家出游，那么选择乘坐火车通常是比较划算的。而且，如果是多人出游，那么乘坐火车其实也是

第4课 会挣钱只是本事，会花钱才是大事

一种非常不错的体验。

如果你所选择的旅游目的地是沿海城市，那么乘船出游也是一种非常不错的方式，既能省钱又避免了转车的麻烦。比如从重庆到武汉，选择乘船出行不仅方便，还能沿途饱览长江风光。

如果你的时间比较紧凑，准备选择乘坐飞机，那么最好考虑委托某个旅行社代订机票，或者通过某些网站寻找优惠，比如"团购"等，这会让你拿到非常不错的折扣，节省下不少经费。

第三，出门在外，住宿选择很重要。

外出旅游，除了交通费用之外，住宿也是比较大的开销之一。在出游之前，不妨先了解一下将要去的目的地，如果当地有熟人，那么可以考虑委托熟人帮忙预订房间，毕竟当地人对本地的消费情况要了解得更清楚。

如果当地没有熟人，那么可以参考网络上的推介进行预订。尽可能避免入住在汽车站或火车站旁的小旅馆，可以选择一些位置不算繁华，但交通比较方便的旅馆，这样既不会耽误我们出行，也能得到较大的折扣和优惠。通常来说，如果打算入住星级宾馆，那么只要不是游客爆满的旺季，在酒店前台都是可以获得一定幅度优惠的。

第四，特色小吃比高档饭店更合适。

既然是出门旅游，那么不妨走到街头，试试寻找当地的特色小吃吧，这些东西价钱不贵，又能让我们品尝到地地道道的本地风味。同样的特色小吃，高档餐馆和街边小店的价格可谓是天

差地别,如果你在旅游地逗留时间较长,又忍不住想试试所谓的"老字号",那么可以专门去尝试一顿两顿,却没必要顿顿都花费过多。

在寻找当地特色美食的时候,可以试着将目标集中在当地人气比较旺的餐馆或大排档,通常这些地方价格都不会太贵,食物味道也比较正宗,同时也能让我们更充分地领略当地的饮食文化。

第五,旅行购物要理性。

在外旅行时,购物一定要理性。其实现在很多商品都已经没有明确的地域性限制,即便坐在家里,你也可以通过网络购买到千里之外的地方特产,所以没有必要在旅行中购买过多的东西。而且旅游区通常来说物价都相对较高,买了东西也并不划算,更何况旅行的主要目的就是四处走走看看,东西买多了反而会成为累赘。

第六,景点门票避"通"就"分"。

近年来,不少景区都流行出售"通票",购买这种"通票",就相当于可以用较为优惠的价格一次性买下景区内所有需要花钱的景点门票。这样乍一听似乎是比较划算,但实际上,大多数游客都不可能一次性就把景区内所有景点都玩个遍。所以,在购票之前,还是应该理性分析,做好计划。比如可以先挑出打算游玩的景点,再计算一下这些景点的门票价格总和,与"通票"进行对比之后,再决定买哪一种票更合适。

第七，旅游团要"货比三家"。

现在很多人出游时，不想自己费时费力地制订旅游计划，便都会考虑加入旅游团，让导游来安排一切。而如今市面上的旅行社也非常多，可谓鱼龙混杂，因此，在选择旅游团的时候，一定要仔细了解清楚，"货比三家"之后再做出决定。

需要注意的是，在选择旅游团时，不要轻易被低价格所迷惑，一定要看清楚报价背后所包含的具体内容。通常来说，旅游路线的报价主要包含七个部分：交通费、住宿费、餐费、景点门票费、导游服务费、旅游意外保险费和其他旅游过程中要支出的直接费用，即旅游综合服务费。只有将这些条目都了解清楚，才能更好地维护自己的权益。

第八，淡季出行，省钱又省力。

通常来说，一个旅游景点是有淡季和旺季之分的。如果时间允许的话，不妨尽量选择淡季出行，既能省钱又能避免人挤人的窘境。而且，在淡季期间，很多旅游地的宾馆都会有较大的折扣和优惠，有的甚至可以高达50%以上。

消费信贷：先花未来钱

以前，人们想买一件东西，但是资金不足的时候，通常会做一个存钱计划，等存够了钱再去买。但这样做却并非是万无一失的，有可能你的钱还没攒够，你想买的东西就已经没了；也可能你的钱攒够之后，你想买的东西就已经"过时"了，而你的钱偏偏又不够买当下时兴的东西。很显然，无论哪一个结果，都不是我们愿意看到的。

但现在，人们的消费观念和消费习惯已经产生了翻天覆地的变化，信贷消费已经成为现在市场上最流行的消费方式之一。当你想买一件东西却资金不足时，可以通过消费信贷的形式，先将东西购买下来，之后再分期进行还款。这样其实就相当于是把"攒钱"的步骤放到了后头，我们可以先提前拥有自己想要的东西，不用担心它断货，也不用担心它过时。而我们所需要付出的代价，就是一定的手续费。

陈然是某大学的讲师，女朋友屠晓和他一样，也是个普通的工薪族。前些日子，两人正商量打算买辆车，但目前他们手里的积蓄并不多，不足以支付买车的钱。如果非要在这段时间买车的话，要么他们就只能降低目标，选择更便宜的车型，或者考虑买一辆二手车；要么就只能想办法去借钱。

车子虽然也属于消耗品，但毕竟是一个长期使用的工具，陈然和屠晓都不想为了贪图一时的便宜，就去买不好的，或者是可能存在问题的二手车。那么，这样一来，想要顺利拿下目标车型，就只能想办法去借钱了。

如果是向亲戚朋友借钱,那么恐怕免不了要去谄媚赔笑、做保证、写借条,当然,还得随时做好被拒绝的准备。等还钱的时候,感谢的话肯定得说一大通,即便对方表明不要利息,也得想方设法拐着弯地去还人情。这么一想,还真是够复杂的。

当然,还有另外一条路,那就是去向银行借钱,申请贷款。如果选择到银行贷款,那么之后只要每个月按时还款就行了,不用去看别人的脸色,也不用去欠别人的人情,虽然需要支付一定的贷款利息,但相比起来,找银行办理贷款显然能少很多麻烦。

最终,陈然和屠晓选择了向银行申请贷款,顺利买到了心仪的车。

陈然和屠晓贷款买车的行为,正是消费信贷的一种形式。这种消费形式现在已经被越来越多的消费者认识并接受了,不仅是年轻人,事实上,消费信贷已经遍布各个年龄段。贷款买房、贷款买车、信用卡分期付款等等,这些在生活中极为平常的消费方式,实际上都属于消费信贷。

客观来说,消费信贷确实为我们带来了诸多好处。

第一,满足消费需求。

很多人都有过这样的经历:有想买的东西,但因为资金不足,只好忍痛放弃;有出国留学的机会,但因为资金不足,只能黯然拒绝；有优秀的投资项目，但因为缺少本钱，只能站在一边看着别人去赚钱……

因为资金问题，我们错过了很多东西，很多计划，很多可能。而消费信贷的出现则给了我们一个解决问题的机会，它在一定程度上满足了我们的消费需求，帮助我们解决了许多因为资金困难而产生的问题。

第二，缓解资金压力。

在生活中，我们总是会面临许多"二选一"的问题，比如早餐是吃油条还是吃包子，暑期是去旅行还是去补习，有了钱是先买房还是先创业……面对这些选择的时候，有的是我们必须要选的，有的则是我们被迫得选的。像吃早餐，油条和包子只吃得下一种，所以只能主动放弃另一种。但如果是买房和创业，事实上，这两件事都是我们决定要去做的，之所以无法同时进行，只是因为我们没有足够的资金来支撑罢了。

消费信贷的出现则有效缓解了我们的资金压力，如果选择贷款买房，我们就只需支付一部分的首付，就能先入住新房，剩下的资金则完全可以用来创业或者投资，然后一边赚钱，一边还贷，既解决了住房问题，又解决了工作问题。

第三，保证资金流动。

对于懂得投资理财的人来说，只要有资金在手里，就能让它在流动中钱生钱，实现资产增值。而如果资金直接用去消费，那么自然也就不存在钱生钱的可能了。

有了消费信贷之后，我们完全可以利用消费信贷的方式去支付日常生活中的各种消费，延长资金在手中的流动时间，创造更多的收益。

第四，累积个人信用。

现如今，个人信用已经潜移默化地渗透到了生活的方方面面，直接影响着我们的生活。比如，申请信用卡的时候，额度高低与信用等级高低是直接挂钩的；入住酒店的时候，部分酒店会根据你的信用等级来决定是否提供免押金服务；网购的时候，个人信用等级高的可以直接享受到极速退款等便捷服务……

还有什么比消费信贷更合适呢？当然，需要注意的是，在使用消费信贷的过程中，千万不要出现逾期未还款等违规行为，否则恐怕就要适得其反了。

第5课 技巧性储蓄，存款也能获取最大化收益

储蓄是一切投资理财活动的开始。投资也好，理财也罢，没有"资"，没有"财"，谈什么都没用。所以说，会存钱的人才能积累财富，懂储蓄的人才能让钱袋子鼓起来。

储蓄看似简单，然而实际上却有很多的门道与学问，不懂储蓄的人，只能拿到最基本的利息，在通货膨胀中看着资产日渐缩水；而那些真正懂得储蓄技巧的人，才能让存款收益最大化，让储蓄变成一种真正的投资工具。

第5课 技巧性储蓄，存款也能获取最大化收益

节俭与储蓄，是以钱生钱的前提

从古至今，我国的老百姓就有储蓄的习惯，所谓的"积谷防饥""集腋成裘"，说到底都是储蓄行为。可以说，在老百姓心中，储蓄是积累财富最重要的手段之一。

即便是到了今天，储蓄对于我们来说也依然是非常重要的，它可以说是一切投资理财的第一步。虽然现在市场上已经有了多种多样的理财产品，但不可否认，银行储蓄依旧还是众人心目中最大众也最保险的理财方式。

当然，也有很多年轻人对储蓄感到不以为然，认为靠储蓄是不能发财的，想要成为富翁，就得去赚钱而不是光想着攒钱。确实，如果你收入不高，那么不管再怎么省吃俭用，都不可能靠储蓄发家致富。但从另一个方面来说，如果你没有储蓄意识，那么即便赚得再多，恐怕也只能如流水一般地花出去，最终也积累不下什么财富。可以这么说，储蓄未必能让你成为富翁，但如果不储蓄，那么你一定成不了富翁。

王潇步入职场已经5年，从一个普通的小职员，一路打拼成了公司的管理中层，每月收入也十分可观。而且王潇还没

成家，身上没有什么负担，自己赚多少就能花多少，日子过得很是潇洒。

一次同学聚会，王潇在和众多老同学交流之后却发现，很多老同学的收入其实都不如自己，有的甚至连孩子都有了，但在家庭资产增值方面却是把他远远甩在了后头。

意识到这一情况之后，王潇回想了一下自己平时的消费习惯，发现自己虽然收入不低，但每月花钱还真是不少。几年工作下来，居然连一套房子的首付都拿不出来，和那些"月光"的小年轻几乎是也没什么两样。

王潇自己也想过要去做点投资，尤其是听身边的同事朋友说投资基金、股票赚钱的时候，王潇更是按捺不住内心的冲动。可问题是，他根本就没什么积蓄，即便真的得到了什么好消息，恐怕也是拿不出钱去投资的。

从王潇的案例可以看到，王潇之所以缺乏投资的资本，不是因为他能力不足或运气不好，而是因为他不懂节俭与储蓄。要知道，储蓄就好像是积累投资本金的蓄水池，要想有资本去做投资，就必须先学会储蓄。只有走好了这一步，我们才有机会继续往下走第二步、第三步。

那么，在储蓄过程中，有哪些要点是需要我们牢记的呢？

第一，年轻未婚族储蓄：存、省、投。

如果你刚刚毕业步入职场，还未组建家庭，那么你展开投资理财计划时，可以考虑以积累资金为主，投资获利为辅。因为在这一时期，通常收入都偏低，朋友、同学之间聚会比较多，如果正在恋爱，那么花销还要更大一些。在这样的境况下，手中可用于支配的资金本就不多，倒不妨先积累一段时间。

这期间的理财主要分成三步：存、省、投。

存就是存钱。可以根据自己的收入情况，每个月都从工资中拿出10%~20%，存入一个账户。当然，这只是个建议，具体的存钱比例还是要按照自己的实际收入情况和生活消费支出来确定。为了避免超支，最好在领取工资之后就立即将计划要存的数额拿出来，剩余的再用作开销。因为如果先消费再存款的话，一旦放松警惕，很可能就会把原本计划要存的钱消费掉。

省就是节省。花钱总是比挣钱要容易的，如果不加以节制，赚的再多我们恐怕也没办法把钱攒下来。所以，想要储蓄，在消费方面我们也得有所计划，控制开销。

投就是投资。如果能做到前两条，那么每个月在刨除固定存款和固定消费之后，相信你一定还能节省下来一部分资金。如果短期之内没有结婚或其他大金额资金支出的计划，那么不妨从节省下来的这笔资金中拿出一部分，大约60%左右，用于投资一些风险较大、收益也较高的理财产品，比如股票、股票型基金或者外汇、期货等；再拿出30%左右进行定期储蓄，或投资一些较安全的债券型基金；最后10%则可以放在活期储蓄中作为流动资金使用。当然，还是那句话，这只是个建议，具体的投资比例可以根据自身实际情况灵活调整。

第二，形成期家庭储蓄：储蓄为主，兼购置房产。

形成期家庭指的是从结婚到孩子出生之前的时期。在这个时期，大多数人的工作通常已经稳定下来，经济收入有所增加，生活也比较稳定。此外，结婚之后，两个人的收入汇总到一起，会有更充裕的资金来进行投资理财，但需要注意的是，还有很多人面临着一个严峻的问题：住房。

如果住房问题还没解决，那么处于这一时期的家庭，理财重点就应该放在以储蓄为主，兼购置房产上。即存款、买房、还贷。

存款不用说，当然是继续保持每个月存入一笔固定数额资金的习惯。最好能在进一步控制不必要消费的情况下加大数额，集中力量为购买房子攒首付。

买房是一项极为重要的理财投资，对于大多数人来说，这都是一笔很大的支出，对财务状况有着巨大影响。所以，在做买房计划之前，你需要认真考虑两个问题：一是买房还是租房；二是买房的话应该买多大的房。

还贷是一件能够长期影响到我们经济状况的事情。在资金充足的情况下，当然是不鼓励贷款的，但如今的房价对于众多工薪阶层来说，不贷款恐怕根本买不起。所以为了买房，众多工薪族只能背上贷款，变身"房奴"，兢兢业业为接下来的数十年负债生涯而打拼。

第三，稳定期家庭储蓄：储备紧急备用金。

孩子出生之后，家庭状况基本上就趋于稳定了，大多数家庭迎来了"上有老，下有小"的稳定阶段。在这个阶段，经济负担将会逐渐加重，我们除了要考虑日常开销之外，还得为子女储备教育金，为家庭储备紧急备用金。

在这个时期，大多数人都已经拥有了一定的积蓄，投资方式也变得多样化起来，在理财方面也累积了一定的经验。所以很多人在投资时都会选择相对稳妥，收益也不错的理财产品，如开放式基金、外汇理财产品、人民币理财产品和债券等等。

孩子的教育储备金是非常必要的，越早开始越好，而且教育金的投资需要时间比较长，但通常都会有不错的优惠，到期之后数目还是比较可观的。此外，储备一笔紧急备用金同样是非常重要的，这是对家庭成员的一大保障，金额数目最好是家庭四五个月左右的总支出数额。

怎样存钱，才能保证利息最大化

据统计，截至2019年12月末，我国人民币存款余额已经达到192.88万亿元。可见，无论在个人还是家庭投资理财计划中，储蓄都是使用最为广泛的工具之一。而且，在老百姓心目中，储蓄无疑也是最安全稳定、方便快捷的投资理财方式。

众所周知，储蓄能得到的利息是非常有限的，人们之所以选择储蓄，更多是因为它的安全性和稳定性，而不是看中它能带来的收益。但如果有办法能让储蓄利息最大化，相信也不会有人拒绝。那么，不妨一起来看看，究竟用什么方法存钱，才可以实现利息最大化呢？

第一，阶梯储蓄法。

阶梯储蓄法是定期存款时一种方式，意思就是把现在的资金，按照金额大小分成若干等份，然后由低到高依次购买银行不同期限的定期存款方式。这种方法最大的好处就在于，既能获得较高的利息，但又保持了资金的灵活使用。那么，阶梯储蓄法究竟能比普通的活期储蓄法多给储户带来多少利息呢？

不妨一起来看看冯先生的例子：

年底的时候，冯先生单位给他发了一笔五万元的奖金，冯先生便采用阶梯储蓄法，将其平均分成了五份，每份一万元，然后再分别按照一年、两年、三年、四年、五年的期限到银行存了五张定期存单。

一年过后，冯先生将到期的一年定期存单直接续存，并将定存期限改为了五年定期。第二年，冯先生按照之前的方法，继续将到期的定期存单续存，也改为五年定期。以此类推，等到五年之后，五张存单都已经续存成为了五年期的定期存单。但由于存入期限的差异，所以每一年，冯先生都会有一笔存单到期。

当初冯先生存钱的时候，银行活期存款的年利率为0.35%，而定期一年的年利率则是2%，定期五年的年利率则是4.75%，至少相差了十倍。可见，使用阶梯储蓄法比直接把钱存成活期储蓄要收益高得多！

采用阶梯储蓄法，既能让储户赚足利息，又能保证一定的资金灵活性。这种储蓄法非常适合那些对资金灵活性要求不是很高，但又不想把存款"锁"得太死的中等收入家庭。

第二，循环储蓄法。

循环储蓄法中"十二存单法"是最常用的一种，即把每个月的现金结余都存成1年期的定期存款，这样一来，从次年开始，储户手中就会有12张定存单，且每个月都会有一笔到期。存款到期后，如有需要便可直接取出，如果暂时不需要则可将本息一起续存。

"十二存单法"和之前提到的阶梯储蓄法从原理上来说差不多，都是利用时间差来增强定期存款的灵活性。但很显然，"十二存单法"要比阶梯储蓄法更加灵活，毕竟前者的灵活性是以"月"计的，而后者是以"年"计的。

使用"十二存单法"进行储蓄，所得利息要高于活期存款和零存整取。比如，储户每个月都拿出1000元存1年期，那么按照2%

的年利率计算，到期之后，储户就能获得20元的利息。但假如这1000元存的是普通的活期存款，那么按照0.35%的年利率计算，到期之后，储户能获得的利息只有3.5元。这还仅仅只是一张存单的差距。

第三，交替储蓄法。

如果你有较大数目的可支配资金，短期之内也没有大笔的开销计划，那么使用交替储蓄法来进行储蓄是比较合算的。那么到底什么是交替储蓄法呢？

以3万元现金为例，将其平均分成两份，分别存为半年期的定期存款和1年期的定期存款。半年后，将到期的半年期存款改存为1年期的定期存款，并将两笔存款都设定为自动转存。这就是交替储蓄法，利用这种存款方式，可以在赚取定期存款利息的同时，让资金的循环时间变成半年，保证了一定的灵活性。

第四，约定转存法。

"约定转存"是很多银行都有开办的一项业务，即在存款之前，储户可以和银行约定好定期存款的备用金额，一旦卡内储蓄超过这个金额，银行便直接将其转存为定期存款。使用这项业务的好处在于，一方面可以保证我们的日常消费不受影响，另一方面也能为我们带来较大的收益。

举例来说，如果我们卡中有2.2万元的存款，那么以0.35%的活期存款年利率来计算，一年后我们获得的利息是77元。但如果开通了约定转存业务，并和银行约定好，2000元以内的款项为活期存款，超出部分则转为1年定期。那么就意味着，这2.2万元的存款将会被分成两个部分，即2000元的活期储蓄和2万元的一年定期储蓄。按照0.35%的活期存款年利率和2%的定期存款年利率来计算，一年之后，我们能获得的利息则有407元，中间相差了5倍还多。

第五，通知存款巧使用。

通知存款是一种不约定存期，但在支取时需要提前和银行约定好支取日期和支取金额的存款方式。通知期限分为1天和7天两种，利率按照通知期限的长短来定，通常是高于活期储蓄，但低于定期储蓄的。

举例来说，如果我们有一笔10万元的资金，那么按照0.35%的基准活期存款年利率来计算，同样存在银行7天，活期的利息只有6.71元，但若是存为7天通知存款，基准利率为1.10%，那么7天的利息就可达到26.25元。

可见，这其中收益相差不少。这也是为什么通知存款会比活期存款受欢迎的原因之一。不过需要注意的是，相对比活期存款来说，通知存款的门槛要高一些，按照规定，个人通知存款的最低存款金额为5万元（含），企业通知存款起存金额50万元，外币通知存款的最低存款金额各地区略有不同，约为等值人民币5万元（含）。取出限制也比其他存款大，如个人每次支取金额最低为5万元，单位每次最低支取额则为10万元以上。

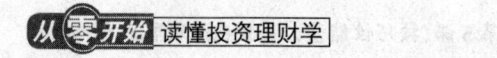

自动划转，让储蓄业务变得简单

现在很多公司发工资都已经不再采取发放现金的方式，而是直接打入员工的银行卡，因此很多人在领了工资之后，往往都习惯用多少取多少，剩余的部分就直接继续存在银行卡里收活期利息。这样的做法看似非常方便，但实际上却已经让你白白丢掉了三倍左右的利润，虽然从每个月的结余来看，这些利润数目不大，但长久累积下去，也是一笔不小的损失。

有人可能会说，自己的工资本来也不高，每月结余下来的钱更是有限，根本也做不了什么，除了让它继续存在银行，还能怎么样呢？其实，即便是储蓄业务，也是有很多种类的，不同的储蓄组合所能给我们带来的利润也有着非常大的差距。有人就曾做过统计，假如将资金平均分配为3个月定期到2年定期，那么一年下来的年综合收益率大约可以达到1.75%。

目前，很多银行都开通了自动转存业务，这项服务可以说是一项非常适合工薪族的业务，通过这种方式，工薪族完全可以轻松实现为自己量身定制一套合适的理财方案，实现收益最大化。通过这项业务，我们可以轻松设定零用钱金额、选择定期储蓄比例和期限等，从而实现资金在活期、定期、通知存款、约定转存等账户间的自主流动，提高理财效率和资金收益率。

例如，你每个月有6000元的工资收入，与银行签订储蓄协议之后，委托银行每个月在活期工资账户中保留2500元，其余资金则分别按照20%、30%和50%的比例转存到3个月、1年和3年的定期子账户上。那么当你放置在银行卡中的零用钱超过2500元时，银行就会按照利息损失最小原则，由计算机系统从其定期子账户中选择最近存入的定期存款提前支取，即便当天补足取款，也不会造成利息损失。

现在，用户只需要携带工资卡和有效身份证件到银行柜台就能开通这项服务，设定好转存点之后，就能让工资卡里的资金在定期账户和活期账户之间自动划转了。需要注意的是，不同银行的转存起点和时间都是有所不同的，在开通业务的时候可以详细询问工作人员。

以下几种储蓄方式都是比较适合工薪阶层的。

第一，零存整取。

零存整取，顾名思义，就是每个月都固定存入相同金额的钱。通常是5元起存，存期分1年、3年、5年，具体存款金额可以由储户自行决定，到期支取本息。这种存款方式的利息计算方法和整存整取定期储蓄计息方法一样。在中途，如果出现漏存的情况，只要在当月内补存即可，如果没能及时补存，那么到期支取的时候会按照实际存款金额和实际存期来计算，但计息方式则要按照支取日中国人民银行所公告的活期利率来计息。

零存整取可以说是最适合"月光族"的储蓄方式了,因为存在一定的强制性,所以能够在一定程度上遏制"月光族"的不良消费情况,帮助他们养成"节流"的好习惯。

第二,整存整取自动转存。

整存整取自动转存对忙碌的工薪族来说是非常适用的一种储蓄方式,适用这种储蓄方式,银行会在客户存款到期日,自动把客户没有办理支取的存款结算利息,并在扣税之后自动将本金连同税后利息一同按照到期日当日利率转存为同种类、同档次的整存整取储蓄。此外,整存整取自动转存是不限次数的,转存之后的下一个到期日,银行仍旧会继续将未支取的存款自动进行下一次转存,这就大大方便了忙碌的工薪族。

第三,银行"月计划"理财。

"月计划"理财的存款方式是某些股份制商业银行推出的服务,年收益通常能够达到活期存款的3.3倍、通知存款的1.5倍,属于利率较高的一种储蓄方式。按照规定,储户只要单个账户余额超过1万元,就可在每月下旬的时候和银行签订理财"月计划",每月1日,银行均会公开对外发布上期收益情况。如果储户打算终止该储蓄方案,则需要在每月5日至25日期间进行办理,以保证资金的流动性。通常来说,"月计划"理财的预期年收益率大概在1.7%~2.5%范围内。

第四,定期定额申购基金。

对于有良好储蓄习惯,且有较高储蓄目标的工薪族来说,定期定额申购基金是一种非常不错的理财方式。如果你经常光顾银行，又不打算自己操作资金项目的投资，那么不妨选定一只银行代销的基金来进行长期稳定的投资，只要与银行签订好协议，约定每月的扣款金额，以后银行便会每月自动从你的资金账户中扣除约定款项，完成基金的申购。

这种投资方式最大的好处就在于能够有效地分散风险，以获得长期稳定的增值。而且使用这种投资方式，也不要求储户掌握太多专业知识，储户也不需要费心费力地选定基金购买时间，只需要把一切交给银行，耐心等待收益，坚持中长期持有即可。通常情况下，基金定投的收益都会比零存整取储蓄方式的利息要高。很多工薪族在为孩子储备教育金或为自己筹划养老金的时候，都会考虑选择这种储蓄方式。

需要注意的是，目前已上市的各种开放式基金数目众多，选定哪只基金直接决定了我们在未来的收益状况。一般来说，这种投资方式适合股票型基金或偏股票型混合基金，储户在选择时往往更看重于它的长期盈利能力。

储蓄方法哪种最好？合适就好

储蓄是投资理财的第一步，无论赚得多还是赚得少，只有先把储蓄做好,才能为之后的投资累积足够的资本。但现在,很多人对储蓄的了解其实都比较片面,以为储蓄就是只要把钱存到银行卡里就行了,以至于不少人将钱存入银行时,都没有一个合理的理财规划,白白浪费了许多收益。

有人可能会问:那到底哪种储蓄方法才是最好的?答案其实很简单,最适合你的自然就是最好的。而想要找到真正适合我们的储蓄方式,我们就得先了解清楚不同储蓄方式的特点,从而才能找到真正适合自己的储蓄方式。

目前来说,银行的储蓄种类一般分为两大类,即活期储蓄和定期储蓄。

先说活期储蓄。活期储蓄指的是客户在开户时不约定存款期限,且存取款数目也不受限制的储蓄方式。只要有需求,客户可以随存随取,因此这种储蓄最大的特点就在于方便、灵活、适应性强、流动性大,适用于生活待用款项或滞留时间较短的手持现金的储蓄。而活期储蓄又分为活期存折储蓄、活期存单储蓄和活期支票储蓄三种。

活期存折储蓄想必很多人都不陌生,它是开办时间比较早的储种之一。开户时1元起存,没有上限,开户后银行会给储户发放存折,以后凭存折随时可以进行存取。活期存折储蓄通常每年6月30日结息一次,7月1日开始利息并入本金一并生息。未到结息日清户的也可同时结清利息。此外,出于安全方面的考量,储户在开户的时候也可以约定凭印鉴支取或凭计算机预留密码支取。

一般来说，银行的代发工资业务中，储户的工资都是默认转入活期存折储蓄的。

活期存单储蓄与活期存折储蓄相类似，只不过在存钱时，银行给储户发放的凭证是存单而非存折，以后储户可以通过存单来随时支取。

活期支票储蓄，即是在开户时由储户申请，经银行审查信用同意后，发给储户活期支票证明卡、活期支票簿和现金存款单的一种储蓄。不同的银行对于起存金额的规定也有所不同，在续存的时候，储户可以直接存入现金存款单，也可以使用支票转账存入。在取款的时候，储户则可凭签发的支票办理支取现金或转账结算等业务。需要注意的是，储户不得签发空头支票，否则银行将按规定处以罚金。

再来看定期储蓄。储户在存款时就事先约定好存期，一次或分多次存入，到期后再一次或分多次支取，这种储蓄方式就是定期储蓄。通常来说，定期储蓄的存期与利率是成正比的，存期越长，利率就越高。此外，定期储蓄又根据具体支取形式的不同分为三类，即整存整取、零存整取和存本取息。

整存整取很容易理解，就是一次性存入本金，并约定存期，到期后再一次支取本息。整存整取的期存金额为50元，不设上限，存期通常有3个月、6个月、1年、2年、3年和5年六个档次，储户可根据自己的需要自由选择。如果你手头有一笔较大数额的资金，且在较长时间内不动用，那么整存整取的储蓄方式是比较合适的。

零存整取就是指储户在开户时约定好存款期限，然后逐月存入本金，到期之后再一次性支取本息的储蓄方式，起存金额为1元，上不封顶。存期则分为1年、3年和5年三个档次。这种储蓄方式具有计划性、约束性和积累性等特点，非常适合刚开始培养储蓄习惯的人。

存本取息就是一次存入整笔资金，并约定好存款期限，然后可以按月分次支取利息，等到期之后再将本金支取出来的一种储蓄方式。存本取息的起存金额为3000元，上不封顶。储户除了可以自行决定存款金额之外，还能约定存款期限和利息支取的次数。在开户时，银行会以签发的记名存单给储户作为分次支付利息和归还本金的依据。安全起见，储户可预留印鉴或密码。此外，存本取息的存期通常分为1年、3年和5年三个档次，不办理部分提前支取，如果储户强制提前支取本金，那么已经分期支付的利息银行方面也会全部扣回。这种储蓄方式比较适合那些拥有大额积蓄并且需要以利息来补贴生活费的储户。

除了比较常见的活期储蓄和定期储蓄之外，很多银行还推出了一些其他种类的储蓄。比如，活期储蓄一本通，定期储蓄一本通，活期储蓄异地通存通兑储蓄，通存通兑，定活两便储蓄以及教育储蓄等。

活期储蓄一本通可以将同一储户名下的人民币和外币活期存款都记录在同一存折上，省去了原本同一客户有多种货币就必须

第5课 技巧性储蓄，存款也能获取最大化收益

开立多个活期存折的麻烦，更便于储户保管存折和参与个人外汇买卖交易，既方便又快捷。

定期储蓄一本通是集人民币、外币等不同货币和多种存款于一折的整存整取储蓄存款方式，它为储户提供了一个便于保管的储蓄账簿，让储户能够更方便快捷地了解自己的存款情况，且更便于查询和挂失。

活期储蓄异地通存通兑储蓄在办理时，需要先在当地开办此业务的银行申请开办，得到专用的活期存折，并约定在异地存取款时持合法身份证明后，储户便可以根据需要在当地银行存取款，或凭约定证件在异地存取款，每笔交易银行会收取一定手续费。这一业务大大方便了那些需要携带巨额现金到异地的人。

通存通兑的业务范围包括活期储蓄的续存、取款和转存，以及整存整取定期储蓄的提前支取、到期支取、逾期支取和转存等。由于现在银行已经普遍使用计算机处理业务并且联网，所以储户在任何一个联网的银行开户之后，都可以在其他联网的储蓄所办理存取业务。

定活两便储蓄指的是整笔存入本金，不定存期，随时可以支取的一种储蓄，利息主要看存期的长短。开户时，银行会给储户发放记名的不定额存单或不记名的定额存单，存单不挂失，可以在同城本行各储蓄网点通兑。

教育储蓄，顾名思义，就是家长为正在求学的子女储蓄未来教育资金的一种储蓄。现在大多数银行都开办有教育储蓄免利息

税储种，存期通常有1年、3年、6年三个档次。与其他储种不同，教育储蓄不需要缴纳5%的利息税，所以限制也比较多一些，比如每个户名只能存2万元，且最多只能享受三次免税政策，即孩子高中（中专）享受一次，大专和大学本科享受一次，硕士和博士研究生享受一次。

　　了解了这些储蓄方法，我们才能根据自己的实际情况，挑选真正适合自己的储种，在不影响正常生活的前提下，实现收益最大化。

第6课 理财技巧不熟？
——适合"菜鸟"投资的基金定投

有钱没时间？没关系，可以把钱交给基金公司的专家来打理！作为有名的"懒人投资"，基金可谓是众多工薪阶层最为青睐的投资方式之一。不妨将基金市场看作是涉足资本市场的"第一站"，从基金定投开始，一步步熟悉理财技巧，实现投资"菜鸟"到投资高手的完美逆袭！

第 6 课 理财技巧不熟?——适合"菜鸟"投资的基金定投

基金投资,优势在哪里

说起基金投资,很多人都不陌生,它是一种兼顾了风险和收益的理财方式,也是许多对投资理财感兴趣,但又没有过多时间和过硬专业知识来进行操作的投资者的首选。先来看一组数据:2007年的时候,我国基金市场成交金额达到了8620.1亿元,是2006年基金市场成交金额的3.5倍。到2010年第二季度末的时候,证券投资基金市场管理规模就已经超过了2.1万亿元,越来越多的投资者选择以证券型基金作为长期投资的工具。

可以说,基金市场的快速发展,已经改变了社会传统的理财方式和理财观念,越来越多的人接受并认同了这种以信托关系为核心的理财文化,而基金投资也已经成为众多投资者参与社会投资的一种重要方式。

基金投资的本质实际上就是专业的基金管理公司,将众多投资者的资金汇集起来,然后进行统一的管理和运作,通过投资股票和债券等方式来实现增值,从而给投入资金的投资者带来收益,而基金公司也从中获得相应的报酬。简单来说,基金投资实际上就是投资者把自己的钱,交给专业人员来进行操作的一种投资方式。

下面我们就来具体看一看，相比其他的投资方式来说，基金投资到底具有哪些独特的优势。

第一，专业化的管理。

绝大多数投资者在生活中都是有自己的工作的，投资对于他们来说只是财产增值的一种方式，不可能在其中投入过多的时间和精力，加上专业知识的限制，往往不能很好地掌控投资技巧。但如果选择基金投资，那么基金公司就能很好地为投资者解决这些问题，弥补投资者在投资技巧方面的不足。

众所周知，每个基金管理公司都有一批专业的投资专家，这些专家无论在信息、经验还是专业知识方面，都要比非专业的投资者强得多。对于每一项投资，专家们都有更科学、更专业的方法进行选择和评定，可以说，在专业的运作下，基金业绩自然会比普通投资者自己操作的业绩要好得多。

当然，选择基金管理公司就意味着，投资者每年都要付出一定的管理费用，来支持基金管理公司的运营。此外，还有基金托管人的托管费，以及在基金买卖时需要支付的交易佣金，等等。

第二，投资渠道多元化，利于分散风险。

很多理财专家都告诫过投资者，不要把鸡蛋放在同一个篮子里，只有懂得把资金分散在不同的投资对象身上，我们才能更好地分散投资风险，减少亏损的可能。

然而，大多数投资者的时间都是非常有限的，资金规模通常也不会很大，也就只能选择两三种股票进行投资。在这种情况

第6课 理财技巧不熟?——适合"菜鸟"投资的基金定投

下,万一运气不好,选择的两三种股票都下跌,那投资恐怕就血本无归了。

但如果选择基金公司,那么情况就会有很大改善。基金公司因为汇集了大量投资者的资金,所以可操作的投资金额是十分巨大的,加上专业化的管理团队,在投资时,完全有能力通过多元化的投资渠道来进行科学合理的投资组合,从而分散风险,增大收益。

第三,投资方便,流动性强。

购买基金的程序也是相当简单的,如果有基金投资的意向,投资者只需直接前往基金公司办理买入手续即可,当然也可以委托证券公司代为买入。结清认购款项之后,投资者就能顺利获得若干个基金单位,并成为该基金的收益人。此外,基金投资的流动性也非常强,投资者随时都可以按照基金单位资产净值进行申购和赎回等操作。通常来说,申购与赎回的成交额都是按照当天收盘后计算出来的基金净值成交的。

第四,监管严格,信息透明。

毕竟是把自己的钱交给别人操作,不放心也情有可原。因此,为切实保护投资者的利益,增强投资者对基金投资的信心,中国证监会对基金行业是有着严格监管的,对那些损害投资者利益的违规行为更是会进行严厉的打击,此外,在相关规定下,基金的信息都是要求公开化、透明化的。

比如开放式基金在每个开放日的时候,都会披露基金单位资产净值，基金公司也会定期公布其基金投资的品种和结构，让投资者能够及时了解到自己所投资的基金的运作情况，让投资者更安心，也更放心。

当然了，世界上不存在任何一种十全十美的投资方式，除了显而易见的优势之外，基金投资自然也存在一些缺陷。首先，基金毕竟只是一种间接性的投资工具，短期收益肯定是比不过直接参与投资所获得的收益的；其次，虽然基金公司会采取各种不同的投资组合方式来降低投资风险，但风险并不可能完全根除，投资者仍旧可能因为投资失利而蒙受损失；最后，虽然基金买卖交易流程非常简单，但毕竟也不可能像银行存款那样，可以进行随时的支取和兑现，而且如果交易过于频繁，那么所支付的手续费用自然也就会比较高，因此，基金投资更适合做中长线的投资。

新手做定投，先把规则摸清

近些年，许多投资者都把目光放到了市场较为稳定且收益比较良好的基金投资上，但还有很多人对基金的了解并不充分，觉得基金认购应该是一件烦琐又麻烦的事情。但其实，基金投资非常简单，只要把规则摸清楚，即便是新手也能轻松完成基金定投。

第6课 理财技巧不熟？——适合"菜鸟"投资的基金定投

那么，新手做定投，究竟有哪些规则是需要摸清楚的呢？

第一，基金买卖开户。

想要投资基金，第一件事自然是要先办理一个能够进行基金买卖的户头。在开户的时候，要记得带上能够证明个人身份的证件和准备好的资料，然后再到基金托管银行的柜台网点填写基金业务的申请表格，如果是个人投资者，还要记得领取基金交易卡。

完成开户之后，我们就可以来认购基金了。认购基金的时候，个人投资者要记得带上自己的基金交易卡，然后前往基金代销的网点柜台填写基金交易申请表格。业务申办两天之后，投资者再前往柜台打印业务确认书，之后便可以开始基金的买进卖出操作。

目前基金的购买渠道主要有三种：银行柜台交易、券商代销和基金网上交易。投资者可以根据自己的情况自主选择。

通常来说，追求稳定的保守型投资者会更倾向于选择银行柜台交易。作为基金托管人，银行往往会代理很多基金的销售，且网点遍布各地，通过银行柜台交易对于投资者来说还是非常方便的。

券商代销与银行柜台交易相比，最方便的一点就是可以免去开户的麻烦，投资者可以直接通过证券公司的交易账户和资金账户来进行基金投资。此外，一般的证券公司所代理的基金种类也要比银行多，而且为了吸引客户，证券公司往往还会提出一定的优惠。

在互联网蓬勃发展的今天,基金公司自然也开通了相应的网上基金交易渠道,让投资者坐在家中就能轻松进行基金的投资买卖。要在网络上进行基金交易,投资者首先要到基金托管银行申请银行卡,并开通网上银行服务,之后就能直接进行基金的申购了。网上基金交易最大的好处就在于方便快捷并且费率低,现在很多年轻的个人投资者都选择了这种方式进行基金投资。

第二,计算盈利与亏损。

了解如何认购基金之后,投资者也必须学会如何计算基金的盈利和亏损,这样才能更好地把控基金投资的情况。计算基金的盈利和亏损非常简单,只要把认购的基金单位数额、购买时的价格、卖出时的价格以及红利等相互加减就行了。比如说一年前你认购了1万基金单位的某基金,购入时价格为1元,卖出时价格为1.65元,那么以0.65元的净值差来看,1万基金单位就是6500元,再扣除买卖基金时的手续费用,剩余的就是这笔投资的纯利润。

第三,分清基金的时期。

作为新手,在投资基金的时候,分清基金的时期可以避免掉很多麻烦。通常来说,刚开始半个月左右为认购期,这段时间内基金只能认购不能赎回;半个月之后便进入封闭期,也就是基金公司的建仓时期,也可以称作准备期,通常会持续3个月左右,这段时间过后,基金价格就会开始有涨有跌;之后便进入申购期,在申购期,基金可以自由进行买卖。

第6课 理财技巧不熟？——适合"菜鸟"投资的基金定投

第四，如何赎回和撤回基金。

赎回基金或者撤销交易的手续并不复杂，如果投资者有这方面的意向，可以带着自己的基金交易卡到银行柜面，填写交易申请表格，并注明是要赎回还是要撤销交易，之后便可办理。为了节省时间，无论是买入卖出，投资者最好都考虑清楚再行动。

第五，认清基金投资的风险。

任何投资都是有风险的，世界上不存在任何一种可以保证百分百收益的理财产品，哪怕就是安全系数最高的储蓄，也可能因通货膨胀而面临资产缩水的风险。基金投资同样也是如此，虽然相对股票来说，基金投资的风险要低一些，但这也并不意味着基金投资就能保证百分百的盈利。在投资基金之前，投资者应该先认清基金投资存在的风险，并确保自己可以担得起这一风险，然后再进行投资。

第六，留心细节问题。

作为一名新手，在投资基金的时候，一定要注意留心细节，遇到拿不准的问题要多问、多学，这样才能逐渐积累知识和经验，从而更加熟练地掌握基金投资的方法。

第七，开放式基金的前后端收费问题。

在开放式基金的购买中，投资者常常会遇到前后端收费的问题。所谓前端收费，指的是在购买基金时支付的申购费用；后端收费则指的是在购买时不支付费用，等卖出时再一次性结清。在实际的投资中，很少有人会注意这两种收费的不同，就连工作人员一般也不会专门提醒，大家基本上都会默认前端收费。但实际上，对于投资者来说，选择后端收费更能节约投资成本，从而提高投资收益。

第八，基金的分红问题。

为了吸引投资者，很多基金公司都会采用分红的方式。通常来说，基金在分红后都会重新回落，价格和新发行的基金差不多。当然，与新发行的基金不同，回落后的基金不需要再有两三个月的准备期，只需要很短的时间就能申购了。

在基金价格回落的时候，投资者已经得到了收益的分红，所以不需要有过多的担忧。如果投资者选择现金结算，那么基金公司将会把这些分红寄给你；如果你选择继续投资，那么这笔分红则会按照目前基金的净值来购入，而且可能有机会享受到优惠。

基金投资是一件非常简单的事情，哪怕你是一名新手，只要肯潜心学习，虚心向他人请教，多学多看，总有一天也能获得更好的投资回报。

关键五步，掌握基金投资门路

基金投资被众多投资者们戏称为"懒人投资"，因为基金主要是由专家来代为管理和操作的，投资者并不需要自己去了解和

第6课 理财技巧不熟？——适合"菜鸟"投资的基金定投

接触资本市场，只要选好了基金品种，就可以把事情都交给基金公司去做了。

但即使再简单，再不操心，基金投资也是有一定的步骤和方法的，只有了解清楚了这些步骤和方法，投资者才能真正掌握基金投资的门路。

第一，投资目标设置。

有目标地做事和没有目标地做事，效果是完全不同的。就像跑步，知道终点在哪里，你就可以铆足了劲儿地奔着目标去；但如果漫无目的，那么在跑步的过程中你就可能会犹豫、会徘徊，从而影响跑步的速度和效果。

我们做投资理财，最终的目的就是赚钱，以提高投资收益。在做基金投资之前，如果我们能够为人生的各个阶段设置一个合理的理财目标，那么在投资过程中，我们就能有目的地对投资行为进行有效规划和调整，让投资变得更高效，也更有意义。

在设置投资目标的时候要注意两点，一是以自己的实际情况为基准；二是尽量将目标细化，设置得越详细越好。此外，在设置目标的时候，最好能够将你的最终目标分段规划为短期目标、中期目标和长期目标，然后再按照先后顺序进行具体的规划。

第二，财务状况诊断。

之前说过，在设置投资目标的时候，一定要从自己的实际情况出发。这里所说的实际情况，指的不仅仅是投资者的收入状况，还要考虑投资者的生活状况。要记住，一切的投资方案，都应该是以保障生活为前提的。只有先确保正常生活不会受到影响，我们才能无后顾之忧地展开投资理财行动。

通常来说，想要知道自己大概有多少"闲钱"能用来投资，可以从分析家庭现有资产、收入以及负担等方面入手。投资毕竟是有风险的，基金投资也不例外，因此，在不影响正常生活的前提下再考虑投资，才能将亏损的风险控制在个人或家庭所能承受的范围之内。

在做具体的财务状况诊断时，我们可以制作两张简单的表格，在表格中列出家庭的当前资产、收入以及负债情况等与财务问题相关的数据，然后再根据具体的情况来进行调整。需要注意的是，在计算投资资金时，最好能预留下3到6个月的生活费支出，以应对可能出现的各种突发状况。

第三，风险偏好判断。

判断自己的风险偏好，这对投资者在选择基金品种的时候是非常有帮助的。所谓风险偏好，指的就是投资者对风险的好恶态度。比如有的投资者认为不确定性就意味着机会，那么这类型的投资者就属于风险偏爱型；相反，有的投资者可能更倾向于觉得不确定性首先带来的是不安，那么就意味着这类型的投资者属于风险厌恶型。

不同的人对风险的接受程度和承受能力都是有所差别的，只有学会冷静地对待自己的风险偏好，认清楚自己对风险的承受能力，投资者才能选择到最适合自己，同时也与自己的经济承受能

第6课 理财技巧不熟？——适合"菜鸟"投资的基金定投

力最为匹配的理财产品。否则在投资过程中，投资者很可能会因为无法控制风险而做出错误的决定。

举个例子，假如投资者为自己设置的投资理财目标是30年内成功累积300万元的养老金。那么如果采用每个月投资相同数额的方式来进行投资，选择年收益率为4%的投资工具时，每个月需要投入4457元的资金；选择年收益率为8%的投资工具，每个月就只需要投入2206元；选择年收益率为12%的投资工具，那每个月就只需要投1035元就行了。当然，所选择的投资工具收益率越高，也就意味着风险越高。而投资者最终会选择哪一种投资工具，关键就在于他的风险偏好。

现在，很多银行和基金公司的理财柜台都可以帮助投资者做风险偏好的测试，如果投资者对自己的风险偏好还不了解，那么可以去做一做测试，看看自己究竟更适合高风险、高收益的激进型投资；还是中风险、中收益的稳健型投资；或者低风险、低收益的保守型投资。

第四，基金品种选择。

不同的基金品种，风险和收益水平都不同。比如目前货币市场的基金，其年收益率大概在2%上下，选择这种类型的基金品种，收益会缓慢而稳定地增长，不用担心股市涨跌的影响，但对通货膨胀的抵抗能力却比较差；股票基金的收益往往要比货币基金高很多，一般情况下，可预期的年平均收益率可达到10%到15%，但相应的，亏损风险也要高出很多。

在进行基金品种的选择时，投资者自身的风险偏好是一项重要的参考内容。通常来说，绝大多数的投资者都不会只选择单一的基金品种，而是会考虑通过组合投资来降低风险、提高收益，至于组合投资的比例，则可根据自身的风险偏好来进行调整。比如像稳健型的投资者，就可以考虑以50%的股票基金和50%的债券基金组合来进行投资。

总之，在选择基金品种的时候，不要只盯着收益或风险，一定要从自己的实际情况出发，估量好自己对投资风险的承受能力，然后再做出相应的选择。如果你不喜欢冒险，更喜欢固定收益，那么就选择货币基金或债券基金；如果你愿意冒一定的风险，希望能获得较高的收益，那么混合基金更适合你；如果你有较高的风险承受能力，也愿意以冒险的代价来获取高回报、高收益，那么股票基金绝对是你的最佳选择。

第五，投资步骤拟订。

在拟订投资步骤的时候，可以考虑用分批投资的方式进入市场，减少可能因市场不好而带来的风险。

比如投资者可以将自己的投资资金分成三到四份，每个月进场一次，避免所有资金都买在市场高点。如果投资金额巨大，那么也可以分成若干份，逐步进场，完成基金的投资。

第6课 理财技巧不熟?——适合"菜鸟"投资的基金定投

基金不仅要会买,更要精通怎么卖

在基金投资市场上,常常会听到投资者们抱怨,说基金卖的不是时候。有的人是后悔自己卖得太早,以至于没等到更高的价格;有的人则是后悔自己太贪心,以至于错过了最高的价格。确实,基金虽然不像股票那样风险大,但价格同样也是在上下波动的,投资者不仅要会买,更要精通怎么卖,否则就只能白白损失很多的机会和收益了。

一位投资者向理财顾问抱怨说:"每次我赎回基金的时候,明明看着价格都是一路上涨的,可怎么一赎回,就发现收益根本没多少,再扣除手续费,简直就是白忙活一场。"

理财顾问是这样回答他的:"投资基金,会买只是入门水准,会卖那才是真的精通。"

可见,想要做好基金投资,投资者除了要有选择基金的眼光之外,还要懂得把握时机,找准恰当的赎回时期。那么,接下来我们就一起来了解一些关于基金赎回的那些事吧!

目前,根据基金市场的规定,赎回基金是需要支付0.5%左右的赎回费的,且在赎回基金之后,如果要购买新的基金,那么投资者还需要再另外支付0.8%~1.5%的申购费。也就是说,如果投资者打算更换手中持有的基金,那么大概会损失2%左右的利率。明确了这一点,在赎回基金之前,我们就能先估算好交易成本,然后再下决定。

要想把握好最恰当的赎回时期,在赎回基金之前,我们就必须要先做好准备,把赎回基金所需要支付的费用,以及从中获得的收益和投入的时间都计算清楚,从而通过科学的方式来选择最正确的赎回时机。只有把这些准备都做好了,我们才能尽可能避免因操作或计算失误而造成的非必要损失,从而最大限度地保证自己的利益。

在决定是否要赎回基金的时候,投资者首先应该计算清楚的就是赎回费用。任何基金的赎回费用都不会很低,有的时候操作不当甚至可能会让投资者付出大笔不必要的资金,所以在进行赎回之前,一定要先把损失计算清楚,然后再谨慎做出决定。

需要注意的是,按照基金市场的规则,赎回款并不会立即打给投资者,而是通常会在交易之后的7个工作日才能打回。所以,在计算的时候,投资者要记得将这近一周的延误时间也计算在内。

其次就是选择合适的赎回时机。在市场交易中,很多投资者在发现基金价格达到自己的理想预期时,就会急于出手。当然,投资最忌讳的就是贪心,但交易市场的趋势本就难以把握,如果不懂得根据实际情况随机应变,在市场状况不明的时候就轻率出手,那么是很容易遭受资产损失的。所以,为了更好地把握市场

第 6 课 理财技巧不熟？——适合"菜鸟"投资的基金定投

动向，投资者在赎回基金之前，应当先对基金公司及基金市场进行全面充分的分析，这样才能把握准确的时机，在市场基本面发生变化时果断出手。

那么，投资者到底应该根据哪些方面的情况来判断赎回基金的准确时机呢？

第一，在投资之前，先给自己设定一个"止损位置"，即所能承受损失的最大限度。任何投资都是存在风险的，先设定好损失的底线，投资者才能在情况不佳时及时赎回，避免财产出现更大的损失。

第二，在投资之前，先了解基金公司的实力规模、基金经理和过往业绩等基本因素。通常来说，一只收益稳定的基金，其基本因素是不会发生太大变化的，换言之，如果你发现这只基金的基本因素突然发生了变化，那么很可能意味着情况将会发生转折，应当高度重视。

此外，在投资基金的时候，投资者最好每隔一段时间就关注一下基金净值的情况，如果条件允许，还可进一步考查和分析基金公司在半年、一年或两年以上的指标。如果基金公司的回报率一直稳定在中上游水平，那么说明这家公司的基金有长期持有的价值，反之则应当果断出手，规避风险。

第三，当基金投资达到自己规划的理财目标时，自然就是最好的赎回时机。很多有经验的投资者在进行投资之前，都会根据自己的实际情况做一个理财规划，这个规划包括详细的投资目标，投资时间以及目标收益等。当基金投资达到理财目标的时候，自然也就可以出手了。

确定好赎回的时机之后，投资者就该考虑如何赎回基金了。是的，基金赎回也是有不同方法的，并不是盲目地去银行或者证券公司将基金卖出就行了。有经验的投资者都知道，选对基金赎回的方法，可以减少许多不必要的损失。

先说一说"两点半法则"。如果你在基金市场待过一段时间，想必一定听到过很多投资者谈论"两点半法则"。众所周知，按照基金市场的规定，下午三点之前提交赎回申请，以当天基金净值为交易价格；若是过了下午三点，则按照下一个工作日的基金净值来作为交易价格。此外，虽然收盘是下午三点，但按照一般情况，两点半这一时期的价格起伏会变得很小，所以有经验的投资者通常会在两点半的时候看盘，然后在三点之前提交赎回申请。

再说分批减仓。交易市场的趋势向来难以把握，如果投资者投入的资金过多或数目较大，在赎回的时候不妨考虑用分批减仓的方式逐步赎回，这样有利于降低风险和仓位，并且便于同时逐步购买建仓其他的基金新品种。

需要提醒诸位的是，无论何种投资，拖延都是一种非常不好的习惯，既然有了赎回意向，那么在考查分析之后就应当果断下结论，尽量减少犹豫的时间。很多投资新手就是因为在赎回基金时选择的时间与方式不当，在无形中延长了基金赎回的时间，导致减少了收益。

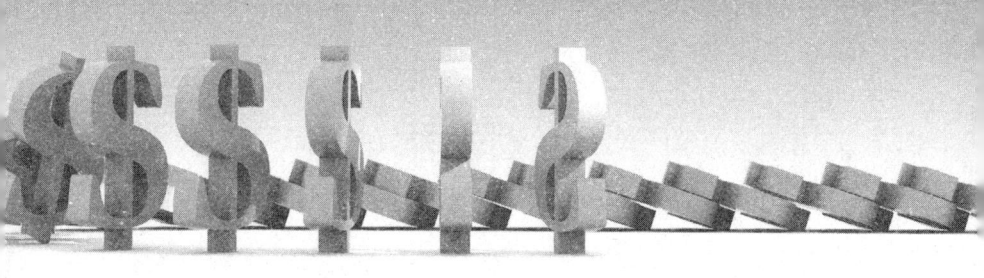

第7课
做自己的保险代言人

如果说投资是财富战场上的长矛，那么保险就是人生道路上的护甲。人生无常，谁也不知道明天会发生什么，谁也不能保证自己一辈子都顺遂无忧。因此，对于每个人来说，保险理财都是一项不可或缺的投资。

在人生的不同阶段，由于年龄的不同、家庭结构的不同、经济需求的不同等，每个人的保障需求也不同，根据自己的实际情况，配置适合自己的保险，这样的保险才是真的"保险"！

第 7 课 做自己的保险代言人

保险理赔难？教你如何"无缝对接"

"投保容易理赔难"，这是很多经历过为索赔而与保险公司斗智斗勇的投保人士共同的感叹。当然，导致这种状况发生的原因，可能是因为投保人对保险条款不熟悉或不重视而造成的，也可能是保险公司方面设置的一些"陷阱"造成的。

先说投保人方面存在的问题。很多投保人在买保险的时候，都没有耐性去仔细阅读各种条款内容，对保险业务员提到的一些注意事项也不太重视，于是很容易就会错过一些规定，最终因无心的"违规"操作而"坑害"自己的利益。

以车险为例，在生活中，很多人都遭遇过车险续保延迟、二手车转让买卖手续办理不及时等状况。对于这些状况，有的人不太重视，觉得不会有什么太大的影响，但等真正发生事故需要索赔的时候，才发现问题大了，自己的利益也遭受了损失。

董先生就曾经遭遇过这样的事情。

按照保险签订的日期，截至2019年5月31日24时，董先生的私家车保险就正式到期了。在此之前，董先生其实已经接到过好几次车险业务人员打来的电话，催促他去办理相关的车险续保业务。但那段时间，董先生工作特别忙，想着反正距离保险到期还有好几天呢，等忙完了再去处理也来得及，没有多大影响，于是就没重视这件事。

结果，因为工作需要，董先生去外地出差了几天，一直到6月1日的时候，才想起来到保险公司办理续保手续。

倒霉的是，偏偏就在6月1日当天下午，董先生刚办理完续保手续，出了保险公司没多久，自己的车就和一辆公交车在街道拐角处撞了。所幸事故不严重，也没有人员伤亡。董先生赶紧打电话到保险公司说明了情况，可没想到，保险公司的业务人员却告诉董先生，他的车并没有投保。

最终，几经周折之后董先生才发现，原来他刚签的那份车险保单，上头标注的保险生效日期是第二天，即2019年6月2日零时。而他上一年的车辆保险已经在5月31日的时候就结束了，所以出事故的时候，他的车子正处于"脱保"状态，保险公司自然是不予赔偿的。

董先生的遭遇可以说是非常倒霉了，如果他能对保险业务员的提醒有所重视，及时办理续保手续，那么就不会导致车子在"脱保"期间遭遇事故，给自己的财产造成损失。虽然董先生的经历看似是个小概率事件，但在生活中，谁又能保证自己不会遭遇这种小概率的倒霉事件呢？再说了，我们买保险，为的不正是防范这种随时可能在生活中出现的意外吗？所以，如果因为自己的不重视而导致保险无法全方位保障我们的财产安全,那就真是得不偿失了!

再说保险公司方面存在的问题。在保险消费中,保险公司的一些"霸王行为"也是会直接影响到保险索赔效果的,对此,投保人一定要注意,不要掉进保险公司的"陷阱"中。那么,在保险消费中,有哪些事情是需要我们特别留心的呢?

第一,保留好原始资料。

投保人在与保险公司交涉索赔问题的时候,一定要注意保留好原始资料,尤其是在双方未能达成统一意见之前,注意不要轻易把原始资料交给保险公司,以免对方扣下资料,致使投保人在之后即便起诉也无法提供有效证据。

第二,上交资料一定要打收条。

在保险公司向投保人索要索赔资料的时候,投保人一定要让其打收条,最好能加盖保险公司公章,即使当下不方便,事后也一定要补上。否则资料一旦丢失,或保险公司拒不承认收过资料,投保人将完全没有证据证实。

此外,如果投保人在电话报案时遭到保险公司接线员的拒赔,一定要坚持要求对方办理立案登记,自己也要记得保留已经及时报案的证据,否则很可能会影响之后的索赔。

第三,签字之前先确认条款。

在索赔过程中,投保人领取赔偿款时,往往需要签一些收据,这是很正常的事情。但需要注意的是,在签字之前,一定要仔细确认清楚所签的条款。尤其是当投保人和保险公司未能在赔偿问题上完全达成一致的时候，投保人在签字时更要注意所签单据上的条款内容，以免被保险公司"算计"而主动放弃进一步索赔的权益。

第四，注意索赔时的一些语言禁忌。

在和保险公司交涉索赔问题的时候，投保人一定要注意语言的表达，不要被对方抓到漏洞。

比如像"我以为……"这样的表达方式就永远不能出现在索赔声明中。如果遇到不能肯定的内容，千万不能自己想当然地去表述，否则很可能会被保险公司抓住把柄，导致索赔被推迟甚至取消。

比如遭遇车祸的时候，如果你提交的报告中描述说开车速度达到每小时48公里，但警方提交的证据却表明其实达到每小时80公里，那么保险公司很可能会以你"谎报"为由而拒绝赔偿，甚至影响到你个人的声誉。

当保险公司询问的问题你无法确定时，不要给出任何猜测性的答案，可以直接回答"不知道"。如果对方对交谈内容进行录音或文字记录，投保人要记得核实对方是否有断章取义，曲解你的说法。

社保已上全，是否还要购买商业险

我国社保的主要项目包括医疗保险、生育保险、失业保险、工伤保险以及养老保险。

医疗保险一般指基本医疗保险，是为补偿劳动者因疾病风险造成的经济损失而建立的一项社会保险制度，由用人单位和个人缴费，建立医疗保险基金。当参保人员因患病就诊发生医疗费用后，由医疗保险机构对其给予一定的经济补偿。

生育保险是国家通过立法，让因怀孕和分娩的妇女在暂时中断劳动时，由国家和社会提供医疗服务、生育津贴和产假的一种社会保险制度。我国的生育保险待遇主要包括两项，即生育津贴和生育医疗待遇。

失业保险是国家通过立法强制实行的，由用人单位、职工个人缴费，以及国家财政补贴等渠道筹集资金建立失业保险基金，对因失业而暂时中断经济来源的劳动者提供物质帮助以保障其基本生活，并通过专业训练、职业介绍等手段为其再就业创造条件的制度。

工伤保险，也称职业伤害保险，是指劳动者在工作中或在规定的特殊情况下，遭受意外伤害或患职业病，导致暂时或永久丧失劳动能力以及死亡时,劳动者或其遗属从国家和社会获得物质帮助的一种社会保险制度。

养老保险,全称社会基本养老保险,是国家和社会根据一定的法律和法规,为解决劳动者在达到国家规定的解除劳动义务的劳动年龄界限,或因年老丧失劳动能力退出劳动岗位后的基本生活而建立的一种社会保险制度。

现在,除了政府所主导的社会保险之外,还有各种各样、五花八门由保险公司所创办的商业保险,以至于很多人都产生了这样一个疑问:在已经上全社会保险的情况下,到底还有没有必要花钱购买商业保险呢?

回答这个问题之前,先来看一个例子:

谭先生,47岁,在某中小企业担任中层管理人员,单位已经为其购买了社保。

2008年的时候,谭先生通过保险公司自行购买了一份保障健康类的商业保险,保额为30万元。次年3月,谭先生因突发心肌梗死入院治疗,社保赔付了谭先生入院治疗产生的大部分医疗费用。与此同时,谭先生又通过自行购买的商业保险,一次性从保险公司获得了30万元的重大疾病保险赔付款。

自从结婚之后,谭先生就是家里的主要经济支柱,妻子则早已辞去工作,专心照顾家庭。现在,因为患病的关系,谭先生在很长一段时间内都不能继续工作，家庭经济状况急转直下。

谭先生有一个儿子，今年刚上大学，在经济上还没有实现独立，而谭先生本人在出院后，后续还需要花费一些医药费和营养费来进行调养。很显然，这些花费仅仅依靠社保的赔付是根本无法支撑的。这个时候，谭先生通过商业保险赔付的30万元理赔款就简直称得上是"雪中送炭"了，也正因为有了这笔钱，谭先生一家才顺利渡过这个难关。

从谭先生的遭遇中就能看到，商业保险与社保之间其实并没有什么冲突。社保就像是金字塔的最底层，是保险的基础，而品目繁多的商业保险就像是金字塔的上层，可以帮助投保人进一步增强风险防范力度。因此，对于已经购买了社保的人来说，商业保险可以作为一种有效的补充。

此外，在社保中，我们最常用也最熟悉的就是医疗保险，而商业保险中同样也有涉及医疗健康这一块的保险，如住院医疗保险、重大疾病保险、意外伤害险、意外医疗保险、定期寿险等等。虽然两者都属于医疗健康类保险，但实际上两者之间也存在诸多的不同。

第一，报销比率不同。

从报销的比率上来看，社保只能报销医疗费用的其中一部分，而且像很多高价的进口药都是不能报销的。商业保险则不然，比如重大疾病保险，只要一经确诊为保险合同规定范围内的重大疾病，保险公司都会赔付，而且一般情况下，商业保险所赔付的金额加上社保所报销的部分就能完全负担起医疗费用。

第二，报销范围不同。

从报销范围来看，社保医疗主要可以报销基本医疗保险药品、基本医疗保险诊疗项目及基本医疗服务设施三个方面；商业保险则不同，商业保险组织根据医疗保险的合同向投保人收取一定的保险费，然后承担投保人一定比例的医疗费。

第三，报销时间不同。

社保和商业保险报销时赔付款的时间也有所不同。比如对于重大疾病，社保通常是要在投保人出院之后凭发票进行报销的；而商业保险则是在医院确诊之后，凭医院的诊断证明就能直接按照合同上的约定保额获得赔付款项。

第四，报销数额不同。

通常来说，对于意外身故的情况，社保只负责给付社保中个人账户的钱、丧葬费以及抚恤金，没有其他补偿；而商业保险的赔付数额则是按照投保人签订合同时的保额，是可以由投保人在投保时自行选择调整的。

除了以上说的这些之外，在养老方面，商业保险与社保同样也有着非常大的不同，社保的养老保险是需要按照当时的生活水平和缴付年限来计算给付的，而商业保险则是投保人交得越多就保得越多，即便身故也有相应的保障。

所以说，如果条件允许，在上全社保的同时，不妨也选择一些适合自己的商业保险来作为补充。人生的意外谁也说不清楚，在有条件的情况下，多一重保障，也是在对我们的人生与家庭负责。

不同年龄段，购买哪类保险最合适

人生无常，没有谁能够保证自己的日子一直过得顺风顺水，所以为了规避可能出现的风险，很多人都会购买保险来为生活多添加一重保障。而在不同的年龄阶段，每个人的需求也是不同的，对资产收益率的要求和风险偏好特征自然也有所不同，因此适合购买的保险种类自然也会有所不同。

小林，25岁，刚刚大学毕业步入社会，工作收入不高，本身可支配的流动资金也不多，还未组建家庭。对于小林来说，在这一阶段需要主要防范的是意外风险和疾病风险导致的高额医疗费用，因此他所购买的险种主要以意外险和重疾险为主。

罗先生，35岁，某公司高管，正是年富力强，事业小有所成的时候。随着年龄的增长和长时间的工作压力，罗先生的身体一直处于亚健康状况，并且还背负着房贷与车贷的压力。作为家庭最主要的经济支柱，罗先生给自己购买了百万医疗险，此外还购买了较大保额的意外险、重疾险和寿险。

秦女士，45岁，儿子刚刚步入社会，初步独立，家庭责任逐渐卸下。随着年纪越来越大，秦女士已经感觉到了身体机能的下降，因此她更关注健康问题，并且已经开始考虑自己的养老安排。因此，在保险购买方面，除了购买医疗险和重疾险之外，秦女士还加购了养老保险来为自己储蓄养老金。

可见，在不同的年龄段，每个人所需要考虑的问题都是不同的。而保险所能带给我们最直接的帮助，就是资金方面的助力。因此，在选择购买什么样的保险更适合自己时，更多的应该从财务的角度去考虑。具体来说，一个人从进入社会能自立到年老身故，大致会经历四个不同的财务阶段，而这四个阶段所适合的投资策略和保险规划自然也会有所不同。

第一，积累阶段。

处于这一阶段的基本都是年轻人，年龄在25~35岁之间，初入社会，工作时间不长，收入不高，单身或者刚刚组建家庭。

从财务的角度来看，这一阶段属于财富的积累阶段，虽然工资不高，积蓄也不多，但相应的，也没有太大的家庭负担，未来发展空间也比较大。这一阶段可以说是在我们的生命周期中最能承担风险的时期了。

因此，处于这一阶段的人在购买保险时，主要是以规避因发生意外或重病而造成的财富大幅度损失为主，在购买保险时可以优先考虑意外险和重疾险等险种。

第二，巩固阶段。

处于这一阶段的人年龄大约在35~50岁之间，是社会的中流砥柱，平均年收入水平属于中等偏上，工资较高，有一定的财富积累，大都已经组建了家庭并育有子女，对生活品质要求较高。

从财务的角度来看，这一阶段属于财富的巩固阶段，还有一定的上升空间，财富积累尚未达到最高峰，家庭负担也在逐步加重，是生命周期的中期，承担风险能力也较强。

因为拥有一定的财富积累，所以与第一阶段相比，处于巩固阶段的人对资产收益的要求有所下降，但仍旧会比较重视投资收益率。所以处于该阶段的投资者可以尝试一些投资风险较高回报也较高的理财产品，比如基金和股票等。在保险方面，则应加大意外或重病险种的保额，同时加大投资类险种的比例，比如万能险、投连险以及养老保险等。

第三，消费阶段。

年龄大约在50岁左右，逐渐接近退休的阶段我们称之为消费阶段。这一阶段，人们的财富累积基本上已经到达了一生的最高峰，子女也都相继成人，开始独立，各种家庭负担逐步减轻。

不论是从年龄还是财务的角度来看，处于消费阶段的人在承担风险方面的能力和意愿都是明显有所下降的。在投资方面，这一阶段的人会更偏好风险较小，收益稳定的投资种类。所以，通常来说，处于这一阶段的投资者往往会主动降低高风险投资产品的投资比例，在保险方面则会更多地考虑为自己购买养老保险。

第四，馈赠阶段。

已经退休，且子女大多已经组建自己的家庭，这一阶段我们称之为馈赠阶段。处于这一阶段的人，财富累积的速度与能力已经明显下降，甚至为零。当然，相应的，其家庭负担也可以逐步放下，主要肩负维持自己或家庭生活水准的任务即可。

这一阶段已经是生命周期的末期了，投资者承担风险的能力和意愿降低到了生命的最低水平。处于这一阶段的投资者大多已经没有什么雄心壮志，只求能满足每月或每年的生活所需即可。因此，这一阶段的投资者通常愿意选择那些收益低风险也低的投资项目，在保险方面的重点也放在养老金收入上。

通过对这四个不同生命周期阶段投资者的分析，相信大家可以清楚地看到，每个人在其不同的年龄段，因为其心理、经历、财务以及家庭状况的不同，其风险承受能力也是有所不同的。因此，在制订投资策略和保险策略的时候，投资者一定要结合自己的实际情况来做考量，所制定的策略也应当随实际情况的变化而及时修正，这样才能更好、更合理地配置个人和家庭的资产。

借用美国证券之父格雷厄姆说过的一句话："投资是指根据详尽的分析，本金安全和有满意回报做保证的操作，不符合这一标准的操作就是投机。"而保险很显然也是财务规划中不可或缺的一项重要投资，要想做好合理正确的资产配置，最大限度地规避风险，我们就必须对资本市场的这些理财产品进行全面的了解和分析，从而才能制订出最适合自己的投资策略和保险策略。

投资型保险，保障与投资齐头并进

一提到保险，很多人想到的不外乎就是人身保障或者储蓄之类的功能，与投资似乎没什么关系。但其实，人寿保险下有一个投资型保险的分支，这种类型的保险与传统型保险最大的区别在于，让投保人与保险公司共担风险的同时，也实现收益共享。

我们知道，传统的消费型保险是不存在返还保费一说的，所以相对来说需交纳的保费也不高。这种保险纯粹就是花钱给自己买一个保障，买一个安心。而投资型保险则不同，在保险到期后，如果投保人没有发生理赔，是可以取回本金的，同时还可以获得一笔利息或者投资红利。换言之，投资型保险综合了保险与储蓄的特点，兼具保障与投资的双重功能。

当然，需要注意的是，之前说过，投资型保险其实就是让投保人和保险公司共担风险，也共享利益。换句话说，投资型保险能够给投保人多少回馈，主要取决于保险公司的投资收益或经营业绩，保险公司运作得越好，经营收益越高，投保人获得的收益就越多。

而且，投资型保险相比传统型保险来说，所需投入的资金要更高一些，加之又存在一定的风险，所以这种类型的保险虽然听上去非常诱人，却并不适合所有人，需要投保人有一定的经济基础才能承担。

投资型保险主要分为三种类别：分红险、万能寿险以及投资连结险。接下来就一起了解一下，这几种投资型保险究竟有什么特点：

第一，分红险。

分红险是指保险公司在每个会计年度结束后，将上一会计年度该类分红保险的可分配盈余，按一定的比例、以现金红利或增值红利的方式，分配给客户的一种人寿保险。

上海某企业的财务经理李国栋就曾花费过10万元在保险公司购买了一款分红型保险。

李国栋现年40岁，因为工作关系，一直对财经动态类消息非常关注，对投资理财更是非常重视。之前市场好的时候，李国栋主要投资基金和股票，后来随着资本市场的不断震荡和波动，李国栋认为股票和基金等理财产品的风险都太大了，而且自己也抽不出太多的时间时刻关注这一块，于是就决定暂时退出基金、股票市场。

之后，在朋友的推荐下，李国栋便投资了分红险。随后每年，李国栋都能从保险公司得到一笔可观的分红，当初他投资进去的10万元已经积累到了15万元，这让李国栋开心不已。尝到甜头后，李国栋决定再拿出一笔钱，继续投资分红险，这可比炒股、买基金要省心多了！

近些年，分红险之所以受到越来越多投保人的欢迎，就是因为它能在为人们提供一份保障的同时，还能发挥储蓄功能，并给投保人带来越来越高的红利。而且通常来说，分红险的收益率普遍都会高于同时期的银行存款利率。

但需要说明的是，分红险的保费也要比传统保险产品高得多，而且其收益率直接与保险公司的经营状况挂钩，所以在选择投资这类保险产品的时候，投保人一定要着重调查清楚保险公司的经营状况，以确保投资之后自己的利益不会受到损害。

此外，值得一提的是，如果投保人投保了分红险，在遇到紧急状况需要资金周转的时候，是可以从保单的现金价值中申请借款的。这可以说是分红险的一大福利了。

第二，万能寿险。

万能寿险是至少在一个投资账户拥有一定资产价值的人身保险产品。万能寿险除了同传统寿险一样给予保护生命保障外，还可以让客户直接参与由保险公司为投保人建立的投资帐户内资金的投资活动，将保单的价值与保险公司独立运作的投保人投资帐户资金的业绩联系起来。

万能寿险可以说是投资型保险中最灵活的一种了，早在2005年的时候，该类型的保险就已经在全国范围内热卖。到2006年的时候，由于央行加息、保险公司大力推动等原因，万能寿险再一次迎来了销售高潮。

万能寿险的"万能"主要体现在：若投保人购买了此类产品，那么便可以根据自己不同人生阶段的保障需求和经济状况，来对现有的保额、保费及缴费进行调整。

需要注意的是，只有当万能险产品的投资账户收益率超过4%的时候，其实际收益率才能勉强和定期储蓄、货币市场基金等理财产品相提并论。而且，通常来说，购买万能险产品，投保人至少也要在7年之后才能真正开始获利。

虽然说万能险的收益要在很长时间之后才能逐渐体现出来，但毕竟具有保底收益，又能兼备保障功能，所以，许多投资人都很愿意选择万能险来作为长期家庭理财的主要产品之一。

第三，投资连结保险。

投资连结保险，简称投连保险，也称单位连结，证券连结，变额寿险。投资连结保险顾名思义就是保险与投资挂钩的保险，是指一份保单在提供人寿保险时，在任何时刻的价值是根据其投资基金在当时的投资表现来决定的。

购买投连险的时候，投保人所交付的保险费实际上是分为两个部分的，即保障和投资，两个部分独立运作，管理透明。投连险的灵活性和万能寿险类似，但二者也存在一定差异，比如万能寿险只有一个投资账户，而投连险则有几个风险程度不同的账户可供投保人自行选择。由于进入投资账户的资金，无论盈亏都由投保人自行负责，所以如果投保人不想承担过高的风险，那么在选择账户的时候，可以选择银行债权类的账户或大额现金类的账户。

投连险更适合长期持有，如果投资者喜欢短线操作，那么最好不要选择投资连结险。因为该险种无论是在投保时还是退保时，都需要缴纳一笔不小的费用，进行短线炒作根本不划算。一般建议至少持有5年以上。

怎样买保险，才算真"保险"

保险原本是帮助我们提升风险防范力，为家庭的稳定发展保驾护航的。然而在现实生活中，一提到"保险"二字，却有很多人都会流露出反感的态度，之所以会出现这样的状况，说到底还是因为在投保过程中的种种操作不当，导致了"理赔难"的情况，既影响了投保人的利益，又在一定程度上损害了保险公司的声誉。

所以说，买保险，也要买得"保险"，这样才能让保险真正发挥其应有的效用，为投保人谋福利。

2018年11月5日，赵先生和妻子在广州市某保险公司参保了终身寿险，并交付了第一期的保险费用。赵先生投保的保额为50万元，其妻子投保的保额为100万元。

11月11日，赵先生和妻子跟随旅游团到杭州旅游，结果途中遭遇车祸，夫妻双双罹难，只留下了一位老母亲和三岁的儿子。

11月20日，悲痛欲绝的赵母带着儿子和儿媳遗留下的两张保险费用收据找到了保险公司，向其索赔150万元的全额赔付。但保险公司方在接到报案之后，却拒绝了赵母的要求。保险公司表示，因为两位投保人还未来得及体检，所以保险合同尚未成立，这种情况保险公司是可以拒绝赔付的。但鉴于此次事件的特殊性，决定按照两个投保人不需体检的最高保额给予赔偿。

对于保险公司的回应，赵母表示非常不满意，赵母认为，既然第一期保费都已经交了，那么就说明保险是成立的。而且从交纳保险费到投保人死亡，时间已经超过了5天，而投保单上的核保栏却依旧是空白的，并未标明拒保或者缓保。按照保险公司的惯例，这就说明保险公司方是已经默许了承保的，那就应该按照保单上的约定进行全额赔付。

最终，双方各执一词，互不相让，赵母只得向法院提起诉讼。

赵母和保险公司的争执，主要是因为投保人只交了保费，而没有签订正式的保险合同而引发的。由于没有正式的合同，所以双方都能找到"漏洞"，谁也没办法说服谁。面对这种状况，如果当时赵先生在交付保费之后，还没签订正式保险合同之前，能和保险公司签订一份暂保书，以表明在正式签订合同之前，即便发生保险事故，保险人也会承担保险责任，那自然也就不会有之后的"理赔难"了。

说到底，想要保险买得"保险"，关键就在理赔问题上。为了避免遭遇"理赔难"的状况，有一些事情是需要投保人注意的。

第一，了解理赔的基本要素。

1.理赔种类

理赔分为两种，一是赔偿，主要针对财产保险；二是给付，主要针对人身保险。人的身体和生命与普通的财产不同，并没有一个可用金钱衡量的标准，所以有关人身方面的保险内容，在出险时，保险公司只能按照保单约定的额度来给付保险金。

2.理赔程序

理赔的程序包括立案检验、审查单证、审核责任、核算损失、损余处理、保险公司支付赔款以及保险公司行使代位求偿权利等。

3.理赔时效

保险索赔是有时效的,如果没能在时效内进行索赔,那么将被保险公司视为放弃索赔权利。所以,在发生事故之后,投保人一定要及时向保险公司报案,提出索赔,以免损害自己的利益。不同的险种其索赔的时效也有所不同,通常来说,人寿保险的索赔时效为5年,其他保险的索赔时效为2年。索赔时效从投保人或受益人知道事故发生之日开始计算。

4.理赔原则

牢记以下几点理赔原则:重合同,守信用;坚持实事求是;主动,迅速,准确,合理。

5.理赔申请

在索赔时,投保人或受益人需要提供的材料包括:保险单或保险凭证原件、已缴纳保险费的凭证、有关能证明保险标的或当事人身份的原件、索赔清单、出险检验证明、其他保险合同条款规定应当提供的文件等。

6.纠纷处理

当投保人或受益人方与保险公司方在履行保险合同过程中发生纠纷时,按照惯例,可采用协商和解、仲裁和司法诉讼等三种方式来进行处理。一般来说,协商和解可以选择自行和解,或者第三者主持和解两种方法;仲裁则是由双方一致同意后达成书面协议,将双方之间的争议交由第三方来进行裁决,仲裁员只负责对争议做出裁决,并不负责调解工作。

第二，如何应对"理赔难"。

要解决"理赔难"的问题，我们就要知道造成"理赔难"的原因有哪些。通常来说，在保险理赔过程中，有四点问题是比较常见的纠纷原因：无效签名、退保缩水、隐瞒病史以及定损分歧。

1.无效签名

据《保险法》规定，以死亡为给付保险金条件的保险合同，如果没有经过被保险人书面同意并认可保额，合同就是无效的。所以，在买保险的时候，一定要注意这个问题，不要为了图方便就自作聪明地留下"漏洞"。

2.退保缩水

保险和储蓄不同，存钱进银行，即便不到期限就提前支取，顶多损失一些利息。但如果买保险，没到期就打算退保的话，则可能要遭受巨大损失了。所以，为了避免发生退保纠纷，在买保险的时候，投保人最好先了解清楚该保险的退保条款，以免日后因退保缩水而遭受损失。

通常来说，每份保险合同都会附带一份现金价值表，通过对照这份表格，投保人可以计算清楚如果自己需要办理退保，最终究竟能拿回多少钱。计算方法如下：

已缴纳保费－保险公司管理费用在该保单上的分摊金额－保险公司因该保单向推销人员支付的佣金－已承担该保单保险责任所需的纯保费－剩余保费所产生的利息＝现金价值。

3.隐瞒病史

病史纠纷在保险理赔纠纷中是非常常见的状况。通常来说，出现这种纠纷有以下两种情况：一是投保人主观隐瞒；二是被代理人误导。

对于第一种情况，保险公司是可以直接拒绝理赔的，毕竟在买保险的时候，投保人自身的健康状况也是决定投保标准的重要因素之一；而对于第二种情况，保险公司方自然要承担全部责任，但问题是，在如何界定代理人是否"误导"投保人这一点上，举证是比较困难的。因此，为了避免出现病史纠纷，投保人在买保险的时候一定要看好每一条免责条款，不要只听信保险业务员的一面之词。

4.定损分歧

通常来说，定损问题主要发生在车险上。在理赔定损的时候，保险公司和事主发生纠纷是比较常见的，毕竟不管定损还是赔付，都是保险公司在做，难免会让事主怀疑其中可能存在"黑幕"。

在发生定损分歧的时候，如果双方无法达成一致，那么不妨通过调解委员会来重新勘查定损。当然，如果事主愿意，也可以主动向保险评估公司求助。

第8课 股市"熊出没"，一样可以大有收获

　　有人说，到了牛市，闭着眼睛炒股都能赚钱；而在熊市里，瞪着眼睛炒股都能亏钱。不可否认，股票市场大环境的好坏对个股的走势影响是非常大的，但投资者在股市中到底是赚是赔，关键还是取决于投资者个人的操作，而不完全是大环境的好坏。

　　俗话说得好，没有不赚钱的股票，只有不合时宜的操作。真正的炒股高手，哪怕股市"熊出没"，也一样能够得到大收获！

第8课 股市"熊出没",一样可以大有收获

不明白股市,就不要轻易下海

提到股票,人们想到的,可能是一夜暴富的财富神话,也可能是倾家荡产的跌宕起伏。股票的确能够给投资者带来巨大的收益,而与巨大收益并存的,自然也是巨大的风险。在股市里打滚一圈,普通人可能在一夜之间就成了百万富翁,而百万富翁也可能在一念之间就变得一无所为。

犹记得在2005年8月5日的时候,百度在美国纳斯达克上市,原始股涨幅就达到了353.85%,最终每股以122.54美元收盘。一夜之间,百度公司拥有原始股的管理层和员工瞬间暴富,由此产生了8位亿万富翁、50位千万富翁和400位百万富翁(以人民币计算)。这是多么令人惊叹的财富奇迹,又怎么可能不让人心动呢?

据统计,到2015年的时候,我国已经有75%的家庭在炒股,由于股市行情持续好转,许多人都在其中赚取了不错的利润,这其中包括绝大部分30岁以下的年轻人。到2015年6月12日,据数据显示,上证综指达到了最高点5178.19点。但随后,股市就迎来了一次灾难性的大暴跌,短短两周之内,沪深两市市值就蒸发了21万

亿元。

近些年，股市行情依旧是一路低迷，越来越多的股民被套牢，资产持续缩水。但即便如此，仍然有许多人前赴后继地投入股市，试图从中抓住机会，赢取财富。

不得不说，股票确实拥有让人着魔的魅力，令投资者又爱又恨。很多人说股票投资就像赌博，即便你分析得头头是道，最终决定盈亏的，还是要看运气。确实，哪怕是自诩最懂股市的投资专家，也不敢说自己能做股市里的"常胜将军"。但如果你真的对股市一无所知，或者对炒股只是一知半解，那么最好还是不要轻易下海，除去不可控的市场因素之外，投资者个人的操作偏差同样也会让自己在炒股投资中遭受不必要的损失。

>方先生是个股票投资老手，周围很多朋友常常会向他请教股票投资方面的问题，他也从不藏私，经常和这些朋友坐在一起交流炒股经验。林女士就是其中之一。
>
>林女士刚开始投资股票，很多股票相关知识都不太懂，但又没有太多耐性去学习，于是便经常让方先生给她推荐股票。有一回，方先生给林女士推荐了股票A，过了一段时间之后，再见到林女士，方先生便礼貌性地问了一句："股票A赚了点吧？"结果，林女士却叹了口气，懊恼地说："唉，卖早了！"
>
>方先生感到很诧异，他自己也买了股票A，自然清楚这

段时间的走势。直到看了林女士的成交记录之后才知道，原来就在前几天的时候，林女士把十分有潜力的股票A的3万股全都卖了，还高位追进了另一只股票，现在被套得死死的。

方先生很疑惑，问林女士："你为什么要把股票A卖了？"

林女士一副理所当然的样子，说道："那天大盘明明涨得很好，很多股票都是一片红，就它在跌，我一看觉得它恐怕不行了，自然就卖掉了嘛。反正我都是炒短线赚零花钱的，又不做长线。"

听了这话，方先生只感觉颇为头痛。像这样什么都不懂却总是喜欢贸贸然就频繁交易的投资者，即便有机会拿到赚钱的股票，恐怕也只能自己把自己给坑亏了。

可见，炒股想赚钱，除了需要那么一点运气之外，投资者还必须具备一定的知识，对股市有一定的了解，否则贸然下海，是非常容易吃大亏的。

那么，作为一名投资新手，我们不妨先好好了解一下，股票究竟是个什么东西？

股票是股份公司发行的所有权凭证，是股份公司为筹集资金而发行给各个股东作为持股凭证并借以取得股息和红利的一种有价证券。

现在，市面上的股票主要有以下几种分类方式。

第一，按照股东权利来划分，分为优先股、普通股、后配股。

第二，按照股票票面形式划分，分为记名股、无记名股、面值股、无面值股。

第三，按照投资主体不同划分，分为国有股、法人股、社会公众股。

第四，按照股票不同上市地划分，分为A股、B股、H股、N股、S股。

第五，按照上市公司经营业绩水平划分，分为绩优股、绩差股、蓝筹股、垃圾股。

选出好股票，其实有妙招

随着互联网的普及，人们获得信息的渠道越来越便捷，称得上是"足不出户，尽知世事"。在投资理财方面，互联网的普及同样给广大投资者带来了非常多的便利。就说炒股吧，现在只要家里有一台可以上网的电脑，投资者就能坐在家里轻松操作、买卖交易，鼠标轻轻一点，各种各样的相关信息就能出现在眼前。

第8课 股市"熊出没",一样可以大有收获

在这样的状况之下,越来越多对股市一知半解的新手都纷纷下海,一边通过网络获取与股市相关的知识和信息,一边抱着侥幸心理操作炒股。不可否认,信息的便捷确实为我们带来了非常多的好处,也让投资理财变得更加简单和方便。投资者可以轻松从网络上获取相关的知识与信息,甚至是得到"高手"的指教。但这却并不意味着投资者就能真正在股市中做到无往不利,尤其是那些迷信炒股专家的投资者,在股市中也常常都是输多赢少的。

其实,对于网络上的那些观点,或者股票投资相关的博客文章,我们都可以学习和借鉴,但却不应该盲目跟从。要知道,证券市场每天的价格波动其实是持续变化的,市场只不过是大众心理的随即反映,分析这些数据并不能让股市的跌宕起伏变得有迹可循。

股市里从来都没有先知,即便是最精明的理财专家,也不可能做到准确预测股指。那些所谓的个股曲线,实际上不过是大众心里每日变化的图表化罢了,并不能用以作为投资的任何依据。要想选出好股票,我们就必须了解股票的本质,明白股市波动背后的真正意义。

既然是要"选出好股票",那么在寻求答案之前,我们要先解决这么几个问题:首先,什么样的股票才称得上是一只好的股票呢?其次,股票为什么会涨?最后,综合以上两个问题的答

案，我们或许就能知道，激发股票上涨的关键因素到底是什么，搞清楚了这一点，我们自然也就能明白，如何才能真正"选出好股票"了。

什么是好股票呢？答案很简单，就是那些能够带来确定性收益的股票。通俗一点来讲，就是买了之后会涨的股票。需要注意的是，这里有个非常重要的定语——确定性。任何投资都是存在风险的，没有任何人可以保证收益的"确定性"。但至少可以肯定的一点是，无论如何，股票与其所发行的企业之间必然关系密切，也就是说，虽然我们不能确定一只股票是否能带来确定性的收益，但至少可以肯定，能够产生确定性收益的股票，其公司业绩必然是稳定不亏损的。

明确这一点之后，再来看第二个问题：股票为什么会涨？众所周知，股票是一种可以交易买卖的有价证券，当投资者们看好某一只股票时，便会争相购买，当买方多过于卖方的时候，为了购得股票，买方愿意出相对更高的价格，这时候股价自然也就上涨了。反之，如果是卖方多过于买方，那么为了尽快出手，卖方就会开出相对较低的价格，那么股价自然就会下跌。

综合以上两点，答案其实已经很明确了。能够让股票价格上涨的关键因素，说到底其实就是能激发人们购买股票的因素，包括国际形势、货币政策、汇率、利率、国家政策、管理层态度、价值评估、利润增长、新产品研发、政策导向、并购重组、股票大小盘、管理层增减持、题材炒作、主力资金流入、股市整体状况、个股技术形态等等。这些东西想要做到深入理解、融会贯通是非常困难的，但只要能掌握其中的规则，那么必然会让我们在股票投资上受益匪浅。

当然，即便对股市有了更加深入的了解，也不意味着我们就一定能选出好股票。现在大盘有近四千只股票，当然后续还可能继续增加。这一堆的股票大致上有三种情况，一是高风险、低收益；二是风险与收益基本持平；三是低风险，高收益。很显然，第三种情况是最理想的出手机会；而第二种情况则不宜做较大的投资；至于第一种情况，那还不如把资金留在手里，继续等待更好的机会。

有理财专家曾总结过，说一只值得投资的股票通常具备三个特性：好的企业、好的管理层和好的价格。而在股市中，一个成熟的投资者就好像等待捕猎机会的猎人一样，是需要有足够耐心去等待理想价格的。宁肯因谨慎而错失，也不能因冲动而冒进，要知道，想赚钱，首先你就得先确保自己可以在资本市场里活下去。

请像珍惜生命一样珍惜你的本金吧，在还没有真正搞清楚究竟什么才是股票之前，不要轻易就投入其中。牢记证券市场的"墨菲定律"：永远有80%的投资者亏损。股票能带来财富与奇迹，但股票同样也能带来倾家荡产的风险和噩耗。

在这里要提醒诸位一句，请牢记股市中的一句话："选股不如选时。"股市的大环境和发展趋势对个股的价格是有非常重要的影响的，如果大环境没有走牛的趋势，那么不论眼前的股票涨得有多么厉害，后续的发展必然都是伴随极大风险的，投资须谨慎。

科学判断，抓住股票的最佳买入时机

股票应该怎么交易？这个问题相信每个投资者都能回答——不就是"低价买进，高价卖出"吗？

确实，这是股票交易一个非常基本的原则，在进入股市的第一天，投资者们就都已经知道了。然而，在实际的投资操作中，真正能够在股票"低价期"抓住最佳时机买入却是一件非常困难的事情，就连很多经验丰富的投资老手也不敢打包票说自己就一定能够判断出股票买入的最佳时机。

1929年，英国财政大臣丘吉尔在卸任之后，与友人一同相约去了美国。抵达美国之后，在投机大师巴鲁克的盛情邀约下，丘吉尔与友人一同参观了纽约股票交易所。在那里，紧张又刺激的气氛让丘吉尔感到兴奋不已，并激起了他的好斗之心。

作为曾经的英国财务大臣，本就聪慧过人的丘吉尔对自己充满了信心，他认为，炒股不过就是小事一桩，了解了其运作的规律之后，又有什么能难倒他呢？然而遗憾的是，投入第一笔资金之后，丘吉尔的股票很快就被套牢了，这让他感到气愤不已。

很快，丘吉尔又瞄准了另一只看上去非常有潜力的英国股票，巧合的是，丘吉尔以前正好同这家公司打过交道，对他们的经营情况更是了如指掌。结果没想到，信心满满的丘吉尔却再一次失利了，就在他刚刚买入这只股票之后，股价就开始一路下跌，再次把他套牢。

丘吉尔几乎损失了投入股市的所有钱。而相比这些损失的资金来说，更让他感到受挫的，恐怕还是自己在股市中的屡战屡败。

谁都知道，股票投资，只要在低价时买进，在高价时卖出，就能从中赚取差价。但这话说起来容易，真正操作起来却要复杂得多。股市是一直在波动的，谁也无法预测下一秒它会走向什么地方，是上涨还是下跌，更不会有一个"标准"放在那里让你参考。那么即便明白这个简单的交易原则，我们又如何来判断眼前这个价究竟是低价还是高价呢？

所以说，要做好股票投资，投资者就必须要深入去研究和了解股市的运作规律，去分析行业、公司、技术参数等内容，用科学的方式判断，找出股票买入的最佳时机。股票投资是一门科学，它是有方法可循，有技巧可学的。那么，投资者到底该如何来判断股票买入的最佳时机呢？

第一，根据消息面判断买入时机。

股市刚出现利好消息的时候，越早介入越有机会；若是股市在处于上升趋势中期时出现利好消息，那就应注意逢低买入；若是股市在处于上升趋势末期出现利好消息，那就不要考虑买入了，而是准备逢高出货；而若是股市在处于跌势中期的时候出现利好消息，那么投资者可考虑少量介入炒短线，抢反弹。

第二，根据基本面判断买入时机。

股市被称作是国民经济的"晴雨表"。股市的涨跌从某种层面上来说，所反映出的正是国民经济的状况。所以，如果国民经济持续增长，股市大环境也长期向好，那么投资者自然不能错过入场的时机。

如果打算长线投资一只个股，那么投资者就要留意它的基本面情况，如果基本面业绩呈现持续稳定增长的态势，那么完全可以放心大胆地介入；如果个股有突发实质性的重大利好，那么同样也可以介入。

第三，根据趋势线判断买入时机。

在股市中期上升趋势中，股价回调不破上升趋势线，然后又止跌回升的时候，往往就是买入的时机；股价向上突破下降趋势线，然后又回调至该趋势线上时，也是买入的时机；股价向上突破上升通道的上轨线，同样也是买入的时机；股价向上突破水平趋势线时，投资者也可以考虑买入。

第四，根据成交量判断买入时机。

股价上升，并且成交量稳步放大的时候，正是买入股票的时机。因为在底部量增，股票价格稳步攀升的时候，助力吸足筹码，再配合大势稍加拉台，就会引得一些投资者加入追涨行列，放量突破后便会迎来一段股价飙升期。

股价久跌后价格逐渐稳定，量也缩小的时候，也是买入股票的好时机。

第五，根据行业政策判断买入时机。

市场永远是跟随政策走的，所以，在买入股票之前，投资者应该多留心国家的经济政策，然后根据国家对某行业的政策，以及该行业的公司发展情况、行业特点等，选择看好的上市公司所发行的股票。比如国家政策重点扶持农业领域的时候，那些与农业相关的，具有代表性的上市公司就是值得重点关注的群体。

第六，根据X线形态确定买入时机。

1.当X线底部明显突破的时候即是买入的时机。比如V底、头肩底等，股价突破颈线点即为买点；在相对高位的时候，无论X线呈现出什么形态，都要小心为妙；而在确定为弧形底，并形成10%突破的时候，可以大胆买入。

2.当股票处于低价区，且底部连续出现小十字星的时候，就表示股价已经基本上稳定了，有了主力介入痕迹后，通常不会再继续下跌。如果有较长的下影线那就更好了，说明多头位居有利地位，是投资者买入股票的好时机。更重要的是，价格波动趋于收敛，那么形态就必然面临向上突破。

卖出股票的最佳时机，你发现了吗

股票交易，赚的就是买进和卖出的差价。所以，选择一只好的股票很重要，但找准卖出股票的最佳时机也是投资盈利中最为关键的一环。如果不能把握好卖出股票的时机，那么前期的一切努力都将成为无用功，只有顺利把股票在理想的价格卖出去，我们得到的收益才是实打实的。

很多投资者在炒股之前，往往把重心都放在了如何选择股票上，结果却因不懂得选择最佳时机而被股市套牢，白白损失了差一点就能到手的利益。要知道，在复杂多变的股票市场里，一旦被套牢，资金的快速流动和增值就再无可能了。当然，投资者也可以选择守仓策略，只要耐性足够，总有解套的一天。但如果选择守仓，那么同时也就意味着，在这段时间里，我们的资金是处于一个完全被搁置的状态的，时间越长，浪费就越多。

眼看身边许多人都通过炒股赚到了钱，梁爽也坐不住了，赶紧拿着自己5万元的积蓄开了户，准备下海到股市里大展身手。

初入股市，梁爽感到非常兴奋，她毕业于某财经大学，学习的专业就是经济相关类，具备一定的证券市场知识。所以，虽然毕业之后没有从事相关工作，但梁爽觉得，相比其他没什么基础的投资者，自己怎么也算得上是半个专家了，因此一直信心满满。

刚开始的时候，梁爽尝试着选了几只股票，那段时间大盘走势不错，这几只股票也都水涨船高，着实让梁爽乐呵了一阵，有些沾沾自喜。随后不久，在朋友的大力推荐下，梁爽以19元每股的价格买入了股票B，这只股票也是非常给力，一路走高，升到了45.24元每股。

在此期间，梁爽的朋友已经把手头上的股票B都出手了，还劝说过梁爽几次，让她也赶紧出手股票。但梁爽却觉得，当前市场那么好，这只股票又那么有潜力，还有上涨的空间，现在卖出太可惜了。还是再忍一忍，等到最高点的时候再卖。

结果，这一忍就忍出事了，股票B开始一路走低。梁爽本有些犹豫，要不要赶紧出手，保住现有的利润。但眼看股票B在一路走低的时候又总会忽地来个反弹，梁爽心中又不免生出些侥幸，总觉得利润还能再反弹回来一些，忙着出手反而可能会亏。

最终，一直到股票B跌到了20几元，眼看就要血本无归，梁爽才忍痛以20元每股的价格清仓离场。每每回首这段炒股经历，梁爽心中都是后悔不已，要是当初不那么贪心，能在朋友劝说的时候就把股票卖掉，又怎么会有如此下场啊！

在选择股票方面，梁爽的确有一些本事，但她最终却因为贪婪而错过了股票卖出的最佳时机，白白折腾一场，落了个鸡飞蛋打的结局。在股市中，像梁爽这样的投资者其实不在少数，他们对股票有着太高的预期值，风险意识又很淡薄，更重要的是，他们总是抱着侥幸心理，以为自己能有机会在股票上大赚特赚，结果反倒是把本金都赔进去了。

真正懂炒股的人，除了拥有选股的眼光之外，更要懂得把握股票买卖的最佳时机，这样才能真正从市场中获利。那么，投资者究竟应该怎样找出卖出股票的最佳时机呢？

第一，行情形成大头部时卖出。

通常来说，当上证指数或深综指数大幅上扬，形成中期大头部之时，是出手股票的关键时刻。按照以往的经验，当大盘形成大头部下跌时，有90%到95%的个股也会随之形成大头部，和大盘一起下跌；而大盘形成大底部时，会有80%到90%的个股形成大底部。

绝大多数的个股和大盘之间都有着相当强的联动性，只有少数个股会在某些力量的介入操控下逆市上扬。因此，为了规避风险，投资者在发现大盘形成大头部区时，就应该果断出手股票，不要抱着侥幸心理，认为自己能从"个别现象"中实现逆袭。

第二，高位出现价量背离时逢高卖出。

成交量是股价上涨的原动力，也就是说，在正常情况下，成交量越高，股价涨幅就会越大，一旦成交量不足，那就说明，买方已经不再看好这只股票了，股价将会出现回落或者反转。假如突然出现了价量背离的现象，即股票价升量减或者价跌量增，那就要小心了，最好立即将手中的股票卖出，以规避可能带来的风险。

要知道，如果股票价格上涨，可成交量却没有增加，或者反而呈现减少趋势，那就说明买方的力量开始枯竭了，股价空涨也是难以持久的，再不卖出恐怕就危险了。

而如果价格下跌，成交量却反而上升，那说明投资者已经看淡后市，纷纷忙着抛售止损了。这也是大市发展，熊市来临的特征之一，再不赶紧卖出很可能就要面临套牢的风险了。

第三，股价超过目标价位时卖出。

做任何投资之前，投资者都应该给自己设置一个止损点和一个理想的盈利点，股票投资也是如此。当股价超过目标价位，实现理想盈利点的时候，或者股价跌破止损点的时候，都应该果断将手中的股票卖掉。

一般来说，止损点定在10%或者更小是比较合适的，即便你风险承受力较高，也最好不要超出20%，要记住，投资不是赌博，不值得你孤注一掷。此外，在设置盈利点的时候，同样要懂得控制，不要因贪婪就把目标设置得太高。

第四，个股突然大涨时卖出。

股价上涨，投资者自然是普遍获利的。但如果某天你发现股票在突然大涨的同时，出现卖单很大、很多的情况，那就要小心了，很可能是主力、大户都在纷纷抛售。尽管这个时候，依然还是有很多小户在买进，支撑股价继续上涨，但这种状况通常持续不了多久，再不把握时机赶紧卖出，恐怕会有套牢的风险。毕竟如果没有主力拉抬，即便广大中小散户踊跃买入，也是很难支撑股价的。

身处熊市，如何降低自己的损失

炒股的人最怕遇到熊市。所谓熊市，就是指行情看跌、股价低迷、指数下挫、卖者较多的市场状况。简单来说就是，股市行情差，大多数投资者都在亏钱。股市本就变幻莫测，难以预料，大盘一旦低迷，个股的走势就更容易不好了，只有极少数的个股还能逆势上扬。但问题是，市场上股票数量众多，哪怕是炒股专家也不敢打包票，说自己一定能在熊市里找出牛股。

在我国，股市一旦出现熊市，就会有很多炒股专家跳出来安抚股民，告诉他们：超跌之后必然会有强势反弹。当然，这话也没错，毕竟市场再不好，也不会永无止境地跌下去，跌到底，自然就要反弹了。但问题的关键是，谁也不知道得跌多久才能迎来反弹。毕竟在股市里，被套牢三五年的情况也并不少见。

熊市虽然可怕，但只要操作得当，虽说不能买到逆势上扬的牛股，但至少可以有效降低自己的损失，避免因被套牢而失去翻盘的可能。

老王是个资深股民,有着20年的入市炒股经验。老王刚开始炒股的时候,运气好遇到牛市,轻轻松松就小赚了一笔,从此迷上了炒股。后来,随着"牛去熊来",之前赚到的钱又赔进去不说,就连自己的本金也亏损了不少。虽然遭遇了炒股的"滑铁卢",但老王并未因此而脱离股市。后来,经历多次起起落落的实践后,老王凭借自己的经验,总结出了几招应对熊市的好办法,有效降低了自己在熊市中的损失。

第一,把握"确定性"投资。

通常来说,在股市中,专业的机构与公司在把握股市动向方面要比普通散户更加准确,这是因为它们拥有更强大的信息优势和研究团队,所以更能把握住股市中的"确定性"机会。那么,什么叫作"确定性"机会呢?举个例子,比如专业机构对某个企业进行实地考察后,"确定"该企业在行业里有较大竞争力,于是大量增持其股票,这就是"确定性"机会。

当然了,散户不可能有条件像专业的机构、公司那样,深入企业去进行实地调研,但这并不意味着他们就无法找到"确定性"机会。事实上,凭借自身的经验和所掌握的信息,一些散户也是可以把握到"确定性"投资机会的。

第二，抓住"时点"。

在熊市，想要"突出重围"，除了要会选择股票之外，更要会把握"时点"。要做到这一点，投资者就必须具备精准的眼光和决断的魄力，发现机会后立即出手，不要瞻前顾后、畏畏缩缩，以至于错失良机。简言之，就是时机一到立马下单，时机不到少安毋躁。

比如，在熊市中，如果投资者在大盘6000多点的"时点"上下大单，那么之后迎来的很可能就是暴跌；但如果投资者是在大盘1600度点的"时点"上下大单，那么就非常可能等到股价反弹，收获重利。

第三，弃大择小。

在熊市中选股的思路其实并不复杂，那就是无论在什么情况下，当你准备买进股票的时候，先综合考虑一下选择目标的机会与风险，做一个简单的评估。如果机会大于风险，那么自然值得一搏；但如果风险大于机会，你就必须三思而后行了。

通常来说，散户想要在熊市里胜出，还是应该在"小"字上做文章。比如一些中小板、创业板的上市股票，虽然规模较小，但在熊市中反而可能更有操作机会，还有每年推出的良好分配方案的"高送转"股票，也是整个股市中不可多得的优质资源。

第四，顺势而为。

在股市里，投资者最忌讳的就是抱有侥幸心理。很多投资者之所以会一再栽跟头，往往就是因为抱有侥幸心理，明明已经发现情况不对，却依旧忍不住想要再挣扎一下，以为情况会变好，却让自己越陷越深。

切记，股票投资，顺势而为最重要，一定不能和市场对着干。在选择股票品种的时候，一定要注意目标股票所在板块是否具有上涨动力，不要只以自己的好恶就想当然地下决定。顺势而为，散户才能在熊市里生存下去，一旦发现大势不对，就应果断出手，及时止损。

第五，看"透"股市。

股市本就是机遇与危机并存的地方，熊市时更是危机四伏，投资者想要在其中生存下去，甚至取得理想的收益，就必须不断提高对股市投资的认识和了解。毕竟没有正确的认识，就很难有正确的操作，没有正确的操作就很容易踏入陷阱，让自己的利益蒙受损失。只有先看"透"股市，投资者在选择品种或把握趋势时才能更加准确。

第六，心态良好。

做任何投资，拥有良好的心态都是非常重要的，想在熊市立足更是如此，如果不能保持良好的心态，用冷静客观的态度去判断状况，那么在震荡的股市面前，投资者就很容易会被表面的状况所迷惑，做出错误的选择。此外，炒股本就是有盈有亏的事情，尤其是在熊市里，投资者如果不能摆正心态，那么对自己的身心健康也是极为不利的。

众所周知，在熊市时，股票市场的整体状况基本上都是以震荡下跌为主基调，只有极少数的股票能在熊市中走出牛股形态。因此，为了避免遭受重大损失，在熊市中，操作应该以快进快出为主。当股价回调到支撑位置，出现止跌的K线形态时，投资者可以考虑探视进场博反弹，但股价一旦跌破支撑位置，投资者就应快刀斩乱麻，立即进行止损操作。

此外，对投资者们来说，更重要的一点是一定要有自知之明，如果自己操作功底不深，又缺乏相关经验，那么与其胡乱进场被套牢，倒不如暂且空仓，等待牛市行情到来后再继续进场选股操作。

第9课 做好黄金投资，资产稳定增值

作为一种永不贬值的天然货币，黄金因其独特的保值功能和避险功能，自古以来就一直受到老百姓们的喜爱与推崇。如今，黄金作为一种全球性资产已经成为一种非常常见的投资工具，黄金投资的方式也是多种多样。对于投资者来说，做好黄金投资，必然能够帮助我们实现资产的稳定增值，让财富更上一层楼。

哪种黄金投资，对你来说更适合

自古以来，黄金因其稀有性、耐腐蚀性和观赏价值，一直被认为是经济市场的"硬通货"。而近年来，国际黄金市场的价格也是一路走高，越来越多的投资者将资金投向了黄金投资市场。

现在，黄金投资的种类也是非常多的，在进入黄金投资市场之前，投资者都应该花点时间具体了解一下，做到"知己知彼"才能"百战不殆"。而且，虽然黄金被认为是最保值的贵重金属，但也并不意味着黄金投资就是没有风险的，如果没有任何了解就盲目跟风，恐怕也会白白让自己的资产在诡谲多变的市场中蒙受损。

那么，不妨先来了解一下，常见的黄金投资品种都有哪些，了解清楚了这一点，投资者才能从中选择出最适合自己的投资品种。

第一，实物黄金。

实物黄金很容易理解，就是黄金产品，包括金条、金币、黄金饰品等。自古以来，我国的老百姓对黄金产品都是非常喜爱的，一方面，黄金产品能够在通胀剧烈或者发生危机的时候，发挥出"天然货币"的作用；另一方面，很多黄金产品还兼具收藏价值和纪念意义。所以，对黄金产品的投资可以说是自古以来就存在的了。

现在市场上的实物黄金投资主要分为两种：金条和金币。

1.金条。

目前市场上的金条分两种，一是普通金条，二是纪念金条。金条投资是以1∶1的形式进行买卖的，即花多少货币就能购买多少价值的黄金，投资者只能买涨。现在有很多商业银行都推出了自己品牌的金条，供投资者自由选择。金条的变现也很简单，投资者只需要带着有效身份证件、商品销售单据原件等到指定的回购网点办理即可，通常需要交纳手续费。

2.金币。

金币同样分为两种，即纯金币和纪念性金币。纯金币的价值主要由其黄金含量决定，价格随国际金价波动。因为纯金币和黄金价格基本上是保持一致的，所以在出售的时候溢价幅度并不高，增值功能不大。但因为金币在具备保值功能的同时，又兼具收藏和鉴赏的功能，所以很受一些喜欢收藏的投资者的青睐。

与纯金币相比，纪念性金币的增值潜力就比较大了，收藏、投资价值也都要远高于纯金币。影响纪念性金币价格的因素主要有三点：一是数量越少，价格越高；二是品相越完整，价格越高；三是铸造年代越久远，价格越高。

通常来说，纪念性金币的发行数量都不会太多，而且具备一定的鉴赏和历史意义，所以投资增值和收藏意义都比较大。

第二，现货黄金。

现货黄金和实物黄金不同，它是一种杠杆式的黄金电子交易合约，又被称为"伦敦金"，因为它最早便是起源于英国伦敦的。

现货黄金是即期交易，也被称为是"世界第一大股票"，因为其日交易量非常巨大，约达到了20万亿美元，因此，没有任何一个财团或机构有能力去人为地操控这个巨大的市场。故而，现货黄金市场是没有庄家的，市场比较规范，自律性较强，法规也较为健全。

现货黄金24小时都可以交易，且为双向买涨买跌形式。具有投资成本小，回报高，收益快，交易灵活等特点，而且每天可实现多次来回交易，风险也比较可控，非常适合上班族用来做理财投资。

第三，纸黄金。

纸黄金又称为"记账黄金"，是一种由银行提供的服务，投资者在投资过程中并不需要通过实物来进行交易，而是采用记账的形式，换言之，纸黄金的交易过程是不需要黄金实物介入的。

因为不涉及实物黄金，所以纸黄金的投资成本相对可以低一些，但纸黄金只能做多看涨，通过金价的上升来获利，不能做空。如果投资者对黄金市场比较了解，且能抽出较长时间看盘，那么可以考虑投资纸黄金。

纸黄金的操作方式和股票、基金比较类似，是国内中、工、建三行特有的业务。因为不涉及黄金实物，所以纸黄金的保值避险功能要差一些，但胜在交易方式更灵活方便，收益也更大一些。最重要的是，门槛较低，即便资金有限的投资者也能够进行投资。

第四，黄金凭证。

黄金凭证是现在国际上比较流行的一种黄金投资方式，和纸黄金比较类似，同样可以进行纸上交易。黄金凭证和纸黄金最大的区别在于，黄金凭证的投资者拥有随时提取所购买黄金的权利，而纸黄金投资者如果没有银行特别说明，是不具备提取黄金实物的权利的。

投资黄金凭证需要向发行机构支付一定佣金，数额通常和实物黄金的存储费用差不多。需要注意的是，如果投资者打算提取数量较大的黄金，是需要提前预约的。而且，有些黄金凭证的信誉度比较低，所以投资者最好能购买获得当地监管局认可证书的机构凭证。

第五，黄金期权。

黄金期权是近10年来出现的一种黄金交易，是买卖双方在未来约定的价位具有购买一定数量标的的权利，而非义务。当价格走势对期权买卖者有利的时候，自然就能获利，但若是价格走势对其不利，那么放弃购买权利，损失也只有购买期权时的费用。

黄金期权的买卖费用主要受市场供求双方力量的影响，由于涉及内容较多，黄金期权的买卖投资战术也比较复杂，非常不容易掌控。而且，由于我国黄金市场开放比较晚，投资者普遍对期权类的投资产品接触较少，所以交易所的黄金实物询价期权只允许机构参与投资，而没有向个人投资者开放。

第六，黄金期货。

所谓黄金期货，就是指以国际黄金市场未来某个时点的黄金交易价格为交易标的的期货合约，买卖黄金期货的盈亏主要由投资者进场到出场两个时间的金价价格差来决定，契约到期后进行实物交割。

黄金期货的投资采用的是T+0制度，随时都可以进行买卖，因为价格是与国家联动的，所以一般不易受到人为操控的影响。另外，还有黄金T+D延期交易，用保证金的方式进行买卖，可以选择当日交割，也可以无限期地延长交割日期。但由于具有杠杆机制，黄金T+D的风险是比较高的，没有较强风险承受能力的投资者千万不要轻易入手。

相对其他黄金投资品种来说，黄金期货的风险是非常大的，并且期货产品的交易还涉及很多的专业知识，所以并不适合非专业投资者进行操作。

黄金投资必须遵循的"黄金法则"

黄金投资和一般的有价证券投资不同，黄金兼具金融性和商品性，所以在判断市场趋势的时候，除了考虑金融环境之外，投资者还要注意考虑宏观经济环境。换言之，影响黄金价格的，除了金融环境是否稳定之外，还有商品的需求状况。当然，除了这些客观条件之外，投资者自身的技巧性操作对投资的成功与否同样也有着决定性的作用。

如果你是一名黄金投资的新手，那么在进入市场之前，最好先了解一下黄金投资的几条"黄金法则"，遵循这些法则，可以帮助你在黄金投资中避开很多的失误和陷阱。

第一，不同风险偏好选择不同投资工具与方式。

做任何一项投资之前，投资者都应该去学习和了解该投资交易的特性和渠道，不要盲目跟风，什么都不懂就贸然进入市场。做黄金投资同样也是如此，只有先了解了它，投资者才能有计划、有目的地实现自己的投资方案。

目前，国内的黄金投资主要有实物黄金、纸黄金和黄金期货等几种投资方式。所谓实物黄金，就是投资者直接购买实物黄金，如金条、金币或者黄金首饰等；纸黄金指的是通过银行购买的一种黄金凭证，在交易时不需要进行实物的交割；黄金期货也称为"黄金期货合约"，是以黄金为交易对象的期货合同，通过保证金和杠杆效应，在放大投资收益的同时也放大了风险。

实物黄金是三种黄金投资中最快捷也最省心的一种投资方式，投资者不需要有太多的技术和时间，只要在价格合适的时候购入实物黄金就行了。实物黄金可以说是黄金投资中风险最小，也最稳定的投资，非常适合那些风险承受能力较弱的投资者和缺乏经验的投资新手。需要注意的是，实物黄金投资的门槛相对是比较高的，回购也较为困难，且手续费用不低，所以更适合用来做中长线的投资。

纸黄金的收益和风险都要高于实物黄金，投资者需要通过把握国际黄金价格的走势，进行低买高卖来赚取差价。故而纸黄金更适合那些时间相对较宽裕，能承受一定风险，并且具有一定研判黄金走势能力的投资者。通常情况下，纸黄金更适合进行中短线投资操作。

黄金期货是收益最高，同时也风险最高的黄金投资。由于实行保证金交易，以小博大的杠杆效应，黄金期货的收益和风险都被放大许多，价格常常会出现剧烈的波动，所以投资者非常容易通过黄金期货来获得高收益，同时也可能稍有不慎，就出现大额的亏损。因此，黄金期货更适合于那些追求高风险、高收益，且风险承受能力强的投资老手。

第二，投资比例控制好，最多不超过20%。

投资理财的最终目的，是通过合理的规划与配置，让家庭资产获得长期稳健的增长。换言之，做任何投资理财，我们都必须要控制好投资比例，懂得给自己留后路，而不是像赌徒一样去孤注一掷。

从分散风险和长期投资收益来看，做黄金投资的时候，投资者最好将投资比例控制在家庭金融资产的10%左右，最多也不要超过20%。在实际操作中，一定要时刻谨记，不能贪心，宁愿赚得少也不要去挑战自己无法承受的高风险。如果是刚开始接触黄金投资的投资新手，那么建议最好从风险最低的实物黄金开始做起，等累积了一定的知识和经验之后，再考虑投资纸黄金。至于黄金期货，由于风险较高，且对投资者的能力要求也较高，所以建议普通的投资者最好还是不要参与。

第三，认清投资价值，杜绝"一夜暴富"的想法。

自古以来，黄金在人们的认知里都是作为保值避险、分散投资风险、抵御通货膨胀的重要产品之一。因此，很多投资者在进行黄金投资的时候都有一个误区，认为投资黄金一定不会亏损，甚至可能一夜暴富。这种想法其实是非常危险的，要知道，任何一种投资都存在风险，没有任何人敢保证一项投资是稳赚不赔的。黄金投资同样也是如此，只要存在价格的波动，就必然是有赚有赔的，金价不可能一直无休止地往上涨。

所以，在投资之前，投资者应该明确投资的风险，认清黄金价格上涨的根本原因，并时刻保持冷静的头脑，这样才能尽可能规避黄金投资中存在的风险,以良好的心态面对投资的成败。

第四,控制贪欲,选择正规的投资渠道。

在选择投资渠道的时候,投资者应该选择银行或各地可靠的黄金公司等正规渠道来进行黄金交易,千万不要盲目听信那些不明来历的投资顾问的推荐。要知道,天底下没有白吃的午餐,不要因为自己的贪欲而落入陷阱,最终让自己血本无归。

黄金价格浮动,是谁在左右

世界黄金的价格在20世纪70年代之前是比较稳定的,即使有波动也不大。但自20世纪70年代之后,黄金的价格便迎来了大幅度的波动,尤其是近些年,金价更是呈现出大幅走高之后的剧烈震荡态势。

投资黄金和投资股票、外汇一样,都是需要时时关注行情走势的。通常来说,黄金市场的价格波动,主要是受国际经济因素和黄金本身供求关系的影响。比如在美国次贷危机引发金融海啸,导致美元持续贬值,石油持续涨价的情况下,被认为是最可靠保值手段的黄金就因为较强的抗通胀特性而价格一路攀升。

所以,在投资黄金的时候,投资者想要知道黄金价格的未来走势,就必须尽可能地了解黄金价格浮动背后的影响因素,这样才能更好地预测黄金市场的发展状况,从而达到合理投资的目的。那么,黄金价格的浮动,究竟是谁在左右呢?

第一,美元汇率走势。

在引起黄金价格波动的因素中,美元汇率的走势是非常重要的。美元作为国际金融市场的主导货币,其地位不容小觑,而国际市场的金价也仍然是以美元标价为主的。可以说,美元汇率的走势与黄金价格之间存在联动机制,且二者基本上是反向变化的关系。

美元汇率的走势为什么会影响黄金价格呢?主要有三方面的原因:

1.美国对外贸易总额世界第一,对世界经济有着非常大的影响,所以自然对黄金的价格也有所影响。

2.美元是世界公认的流动性、稳定性都极高的货币,而且美元与黄金都属于国际储备资产,二者之间在某种程度上来说是此消彼长的,美元币值越是稳定,就越是会削弱黄金作为储备资产和保值功能的地位。

3.世界黄金市场一般都以美元来标价,美元贬值势必会导致金价上涨,况且,一旦美元贬值,那么以美元计价的黄金对于其他货币持有者来说就显得便宜了,如此一来自然会刺激这些人对黄金的需求。

第二,黄金供求关系。

黄金不仅是投资理财产品,同时也属于商品的一种,因此,它的价格自然会受到市场供求关系的影响。

从供给方面来说，地球上的黄金存量、年供应量，以及新金矿的开采成本等，都会影响到市场黄金的供给情况；从需求方面来看，黄金储备的多少、投资者的投机性需求，以及首饰和工业实物黄金的需求量等，都会影响到市场上的黄金需求状况。而当供大于求的时候，黄金价格自然会下跌；供不应求的时候，则上涨。

当然，除了黄金本身的供求之外，整个商品市场的价格趋势同样也会影响到黄金的价格。比如自2001年之后，有色金属、贵金属等国际商品价格持续上扬，就是因为当时中国、俄罗斯、印度、巴西等"金砖四国"经济持续崛起，对有色金属等大宗商品的需求量增强，再加上国际对冲基金的投机炒作，才最终导致了这一结果。

此外，如果某个地方突然开始流行黄金投资，导致黄金需求量增大，那么同样也是会对金价产生影响的。

第三，全球性金融危机。

前些年阿根廷经济危机的时候，国家为了保留最后的投资机会，禁止民众从银行兑换美元，结果引起了大规模的恐慌。在这样的情况下，人们纷纷将资金投向了同样具有避险功能的黄金，致使黄金需求量大幅增加，金价上涨。

可见，金融危机的出现对黄金价格是有很大影响的。尤其是当美国等西方大国的金融体系呈现出不稳定的现象时，为了避险，世界资金将会投向黄金，从而影响金价。

第四，国际地缘政治局势。

国际地缘政治局势对黄金的价格影响可以说是最剧烈的，因为局势不稳定会直接推动人们避险情绪的提升，而且一旦国际地缘动荡，纸币势必会迅速贬值，具有避险属性的黄金地位必然会提升。

国际地缘政治局势对黄金价格的影响主要有两类：一是爆发突发性战争，由于是突发性的事件，人们对此没有准备，所以对金价的影响通常也是爆发性的，很可能是快速上涨然后又快速下跌的走势，比如伊拉克突然入侵科威特的时候，黄金价格就在短时间内大幅飙升。

二是人们预期内的战争爆发，对于这种预期之内的状况，通常在战争真正爆发之前，金价就已经开始呈现上涨趋势了。

第五，通货膨胀。

黄金与纸币不同，纸币只是一种价值的代表，其本身是没有什么价值的，但黄金不同，它本身就具有非常高的价值，所以无论在什么时候，黄金都不会因为社会的动荡而失去价值，具有很强的保值功能和避险功能。

货币的购买能力是由国家的物价指数来决定的，当国家物价稳定的时候，货币的购买能力自然也就比较稳定。而通货率越高，那么货币的购买力就会变得越弱，货币所代表的价值也就越低。

通货膨胀作为经济的一般现象，只要不太剧烈或太突然，对金价的影响其实不大，但如果在短期内，突然出现物价大幅上涨的情况，那么就很容易会引起人们的恐慌。货币购买力下降，就意味着资产的缩水和贬值，持有现金根本没有保障，在这种情况下，人们自然会选择采购黄金，从而推动金价的上升。

第六，原油价格。

国际原油价格和黄金交易市场存在着紧密的关系。国际原油价格受到通货膨胀水平的影响，原油价格上涨就意味着通货膨胀的到来，众所周知，黄金具有保值功能和避险功能，通货膨胀又可能导致金价的上涨，这样一来，二者之间就呈现出了一个正向运动的互动关系。

怎样投资实物黄金，才能赚多赔少

常见的实物黄金投资包括：投资性金条、金银纪念币投资以及黄金首饰投资。对于不同种类的投资，其投资技巧上也会有所不同。

第一，投资性金条。

投资性金条指的是由黄金企业推出的，纯金含量大于99.99%，并以上海黄金交易所或国际市场实时价格为参考价格，并且能够实时买卖，供投资者理财保值增值的金条。

要想做好投资性金条的投资，在购买投资性金条之前，投资者应该先了解它的特性。投资性金条属于实物黄金，并非衍生品，所以不存在杠杆，且因为是实物，就需要投资者考虑变现和储存之类的事宜。相比纪念性金条来说，投资性金条的溢价比较低，流通性和变现能力都要更强一些。

投资者如果打算做短线投资，那么需要多关注短期内市场的避险情绪和美元的涨跌，这些都是影响金价的重要因素；但如果投资者打算做长线投资，则不需要太过在意短期内的价格变化，而是可以考虑定时定量地买入投资性金条，来实现长期收益。

为了避免一次性买在高点或卖在低点，投资者在购买或出售投资性金条的时候，最好采用分批购买或出售的策略，以分散投资风险。此外，如果想要获得更多的收益，那么购入投资原料要比购入工艺品更划算。

需要注意的是，投资性金条的制作工艺有两种，即浇铸和压铸。通常来说，压铸工艺要比浇铸工艺精湛，但手续费也会相对较高；浇铸工艺比较简单，所以手续费也会比较便宜。这一点在购买的时候，投资者要咨询清楚。

另外，从购买途径上来说，银行和金店都能购买到投资性金条，二者在品质上差距不大，但相较而言，通过银行购买，金条价格会比较低一些。毕竟实体店铺运营成本较高，而金条又属于实体金店的重要商品，商家需要从中获得利润，那么金条售卖的价格自然就要更高一些。

而且，现在很多银行都有自己的金条品牌，货源渠道比较简化，成本自然也就比较低。而金店的进货渠道往往比较复杂，很多产品也都是代销品牌，附加成本自然就比较高。

第二，金银纪念币投资。

金银纪念币制作工艺比较复杂，设计水准也比较高，加之图案设计精美，发行量不多，所以具有较高的艺术品特征，具有高溢价、小品种和价格波动大等特征，但并不适合用于长线投资。在投资金银纪念币的时候，有一些问题是需要注意的：

1.注意品相和附件。

购买金银纪念币的时候，一定要注意检查好品相和配套附件。金银纪念币在铸造的时候，可能会遗留残杂物，加上经销商在拆零包装和保管的过程中，也可能因不够专业而造成损坏，导致金银纪念币币面可能会出现红白斑等品相问题。在购买的时候，投资者一定要检查清楚，以免因品相问题而影响到金银纪念币的价格。

2.看准精品再入手。

央行发行的纪念币品类繁多，近数千种，这些纪念币中，有的题材经典、工艺精湛，发行量也不大，是非常具有升值潜力的；有的不管工艺还是题材都比较一般，且发行量较大，这样的纪念币升值潜力就比较小了。所以，在购买纪念币之前，投资者应该多搜集信息，看准精品之后再入手，这样才能找到真正值得投资的藏品。

3.认准专业商家。

金银纪念币的销售渠道包括总直销中心、特许经销商、银行、专营公司以及古玩店、集营市场等，前四种渠道属于正规渠道，有正式的票据，并且不容易买到假货。投资者在购买纪念币时，最好选择正规渠道，以免因买到假货而蒙受财产损失。

需要注意的是，有一些不正规的商家，为了获取利益，往往会在发行纪念币的时候，营造出"热门"和"升值"的假象。尤其是经济大环境不景气的时候，这种骗局会出现得更为频繁。投资者要有一定的判断能力，不要盲目跟风，被商家所欺骗。

4.找准买入时机。

金银币市场和其他投资理财市场一样，也是有涨有跌的。逢低买入、逢高卖出，这是投资的一般规律。但在实际操作中，如果只一味地追求便宜，那么是很容易错过真正的精品的，毕竟一分钱一分货，捡漏可不是那么容易的事。但在选对精品的前提下，投资者也要懂得注意目标价格的波动，尽量在低价时买入，这样才能赚到钱。

当然，在实际操作中，谁都想要得到最低价，但这是不切实际的，我们应该学会从成长性的角度去宏观分析精品的相对低位时期，然后设定一个理想的目标低位，等精品价格达到目标低位时，再通过对比不同渠道购买的价钱，选择最划算的渠道进行购买。

第三，黄金首饰投资。

黄金首饰投资一度是我国老一辈人的心头好，许多老年人在有条件的时候，都喜欢为自己和家人添置几件金饰。但黄金首饰保值升值的空间其实是比较小的，而且生产黄金首饰的厂家比较多，在品质方面不好掌控，流通能力根本比不上金条。

事实上，黄金首饰与其说是投资品，倒不如说是商品，它的价格除了金子本身的价值之外，还要加上一部分的加工处理费。越是加工精致的金饰，工艺费自然收取得也就越高。由于黄金首饰在回购时是不考虑手工费和设计费等费用的，故而越是加工精致的金饰，在回购的时候反而损失越大。

目前市面上有很多金店都有回购黄金首饰的业务，但通常来说，通过这一渠道回购的金饰，都只能按照基础金价来计算，而且还会扣掉部分手续费。因此，如果单纯作为投资品来看，那么黄金首饰并不是一件非常理想的理财工具。当然了，如果是和钻石等饰品相比，那么黄金首饰的保值性还是要更强一些的。

第 10 课　互联网理财投资，金融时代的新契机

要说现如今最方便快捷的投资理财方式，互联网理财投资绝对首当其冲。作为金融时代的"新贵"，互联网理财投资真正实现了投资者与资本市场的"无缝对接"。只需要一部手机，联通网络，投资者就能实现随时随地轻松理财。

P2P借贷投资的全方位解析

2012年，互联网上兴起了一种P2P网贷金融业务。P2P网贷是一种直接的借贷关系，投资人通过网络借贷平台，把自己的闲置资金拿出来，借给那些有需求的借款人，到期后收取本金和利息。P2P网贷的兴起大大降低了借贷交易成本，实现了资金供需双方跨人群、跨地区的快捷匹配，覆盖面比传统的银行借贷要广得多。

到2013年的时候，互联网上的P2P网贷平台数量已经达到了523家，同比增长达到253.4%。全行业的成交额规模更是达到897.01亿元之多，同比增长292.4%。也正是在这一年，由于P2P网贷的飞速发展，监管部门也开始积极参与、调研，媒体也将镜头聚焦在了这一新兴业务上，央行也开始对P2P网贷行业进行划界。一切都表明，网贷行业的未来是非常光明的。

然而，P2P网贷的飞速发展也使得它存在的某些缺陷开始暴露出来。就2013年这一年时间里，就有75家网贷平台出现了问题，致使平台乃至全行业的公信力都受到严重质疑，人们对P2P网贷的狂热也逐渐冷却下来。

其实这未尝不是一件好事，事实上，任何一个新兴行业都是存在漏洞与缺陷的，只有在不断地发展与打磨中，才能逐渐完善行业的各种体制。而对于投资人来说，任何一个行业的兴起都是风险与机遇的并存，要想获得机遇，就得有勇气去面对风险。

那么，在进行P2P网贷投资理财的时候，我们需要注意哪些问题，才能规避可能存在的风险呢？

第一，谨慎选择网贷平台。

投资最重要的不是收益有多高，而是有没有足够的安全保障。安全保障不过关，即便承诺再高的收益，最终也只是"竹篮打水一场空"。所以，在选择P2P网贷平台进行投资的时候，投资人除了考虑该平台承诺的收益率之外，更应该注重的，是该平台的安全性。那么，在选择网贷平台的时候，需要注意哪些问题，才能挑选出优质的P2P平台呢？

1.观察平台的信息披露情况。

信息披露是P2P行业的核心问题，也是监管层对P2P规范发展的基本要求之一。中国互金协会对会员单位下发的《中国互金协会出台P2P信披标准（征求意见稿）》和《中国互联网金融协会互联网金融信息披露自律管理规范（征求意见稿）》，首次定义并规范了85项披露指标。虽然目前这些规则都只对协会成员有约束作用，但在推动整个行业信披体系的建设和发展道路上，也确实具有积极正面的作用。

2.警惕业务模式复杂的平台。

任何一项投资开始之前，投资人都应该先判断清楚这一项目的真实性，以免不慎"踏上贼船"。所以，在投资P2P网贷平台之前，投资人最好先了解一下该项目背后的业务模式，如果看不懂标的，那么最好就不要往里投了。

在了解、分析的过程中，通过项目我们所能看到的隐藏信息不仅是业务逻辑和产品原理，更能发现有关资金去向和资金用途的线索，这些信息非常有助于我们对目标平台进行有效的判断。

3.警惕过度宣传包装的平台。

P2P网贷刚火起来的时候，在人们的狂热推崇下，让不少人产生了过高的遐想，以为投资P2P网贷平台真的能获得天价利润。然而事实上，P2P平台本身的盈利空间并没有那么大，通常来说，平台给投资人的年化收益率也就是在12%左右。甚至，还有绝大部分的平台依旧处于不盈利甚至是亏损的状态。因此，如果投资人发现某平台以各种高收益许诺来宣传自己，那么赶快警惕起来，世上不会有免费的午餐，高收益总是伴随高风险的。

4.注意平台运营时间的长短。

关注平台的运营时间可以说是最简单有效判定该平台是否可靠的依据之一了，平台运营的时间越长，就意味着该平台的安全性越高，两者实际上是相辅相成的。

5.团队从业经验比背景更重要。

理论上说，不论什么样的背景，都是无法替一家P2P平台承担风险的。因此，在了解P2P网贷的时候，投资人要注意看创始人及核心团队的从业经验，是否具有多年金融从业经验，是否毕业于某知名的金融院校，是否曾在某金融击鼓认了主，手上是否有知名的金融案例等。所以说，想要知道一家P2P平台靠不靠谱，一定要关注该平台团队的从业经验。

第二，网贷投资要有技巧。

任何投资都是讲究技巧的，网贷投资也不例外。虽然与其他投资相比，网贷投资操作简单，并不需要投资者去分析市场走势，但这并不代表它就不存在风险了。所以，在进行网贷投资的时候，投资者同样应当掌握好规避风险的技巧，以免最后被不良平台损害到自身利益。

1. 多了解行业知识。

网贷理财之所以能在很短的时间内被人们广泛接受，其中一大原因就是，网贷投资并不需要投资者具有专业的金融知识。但这也并不等于说投资者就不需要花时间去学习任何东西，所谓知己知彼，才能百战不殆，想要做好网贷理财，投资者就应当多多了解相关的行业知识，最起码要明白一些基本的网贷术语是什么意思，有什么内涵。这些东西学起来并不困难，投资者只需要动动手指，就能在网络上搜索到许多相关的资料，从而打好自己的理财基础。

2. 重视平台外观与体验度。

虽然说做投资最重要的是看能不能赚到钱。但网贷理财与其他传统的投资理财方式不同，网贷平台是一个基于互联网而存在的平台，所以它的网站设计是否美观，用户体验度是否优良，其实都能侧面反映出这个平台是否可靠。

这就好比一个公司，如果它所处地段不错，公司装潢设计也十分用心，公司人员提供的服务也周到可靠，那么说明打造这个公司所投入的资本是比较多的，它是骗子的可能性也相对较低。相反，如果一个公司地段不好，内部简陋，服务也差，那么即便不是骗子，恐怕也没有什么发展潜力。

所以，投资者在选择网贷理财平台的时候，应该注意观察平台网站的设计外观，感受平台带给客户的体验度。当然，即便这两方面都做得非常好，也不意味着该平台就是百分之百的可靠，但至少说明该平台背后资本强势，有很大概率是正规平台。

3.考察平台风控健全度。

做网贷理财，投资者面对的最大风险就是收不回贷款。所以，在选择网贷理财平台的时候，一定要注意考察该平台的风控是否健全。

网贷理财平台所提供的借贷方式分为两种：一种是纯信用借贷平台，即借贷人只要通过平台的初审、面审和实地考察等一系列贷前审核，就能直接进行借贷，投资者如果投资的是纯信用借贷平台，那么就需要了解平台审核的专业度，以此判断出平台风控团队是否足够专业。

另一种是抵押平台，即借贷人需要拿出高价值的东西作为抵押，然后才能进行借贷，投资这类型的网贷理财平台，需要注意的是平台对于抵押物的保值评估及流动性评估，还有平台处理抵

209

押物的能力。

4.平台借款人的优质程度。

从某种意义上来说，网贷理财投资的风险，有很大一部分是由借款人的情况所决定的。也就是说，借款人的优质程度可以直接反映出平台的风控水准。而借款人的优质程度，最关键的一点，当然就是看借款人的还款能力了。当然，这方面的状况具体排查起来是比较困难的，但网贷平台如果能够将每一笔借款都控制成小额的、分散的，那么就能在一定程度上分散风险，避免因为一笔或几笔借款的逾期或坏账导致资金链断裂，甚至影响到平台的正常经营。

5.先从小额投资开始。

作为比较新兴的一种理财方式，网贷理财在短时间内是很难完全形成健全的制度与保障的，而如何分辨网贷理财平台是否靠谱，也是需要投资者在长时间的实践和学习中总结经验。所以，在没有经验的情况下，投资者最好先从小额投资开始，这样即便出现失误，损失也在可控范围内。

中国式众筹，全新投资模式

众筹，即大众筹资或群众筹资，是一种向群众募资，以支持

第10课 互联网理财投资，金融时代的新契机

发起的个人或组织的行为，也是互联网上一种新兴的投资模式。

众筹这种集资模式兴起于美国一个名为kickstarter的网站，该网站为了让那些具有创造力却缺乏资金的人，能够通过某种方式获得资金来支持他们实现梦想，于是便搭建了一个面对公众进行筹资的网络平台，这就是众筹最初的起源。

这种集资模式的兴起打破了传统的融资模式，它让每一个普通人都有机会、有可能通过这种方式来获得从事某项创作或者活动的资金，将融资的来源者从风投等机构扩大到了普通民众。

现在，在互联网上，众筹已经不是什么新鲜的东西了，许多网站都专门开辟了"众筹"的区域，投资者如果有兴趣，可以在了解相关项目信息后直接进行投资。计划或项目成功之后，投资者便能从中获得一定金额的回报。

需要注意的是，众筹同样存在风险，并不是只要投资就能获得回报的。所以在投资众筹的时候，投资者还是应当小心谨慎，了解清楚之后再下决定。那么，不妨一起来了解一下，有关中国式众筹的那些事儿。

第一，众筹的种类。

我国的众筹主要有两种模式：一是产品预售，二是股权众筹。

现在很多比较知名的众筹网站，做的其实都是非股权众筹模式，即投资者花钱投资后，购买的并不是公司的股权，而是一个产品期权。比如某众筹平台，他们的主要业务就是做产品预售。

虽然都是产品预售，但不同的众筹平台主要经营的业务领域也是不同的。比如有的众筹平台就以经营各种新奇的数码产品众筹为主；而有的则是以各种电影拍摄、主题潮流T恤预售或者原生态农副产品预售等类别的众筹为主。

股权众筹就是在互联网上以兜售股份的形式来募集资金。其基本流程如下：创业者在平台上发布自己的创业项目——投资者通过平台对自己感兴趣的项目进行投资，从而获得同等价值的股权——项目成功后，投资者从中获得相应的回报。现在国内这类众筹平台做得比较好的有很多个。

通过网络平台发起众筹已经成为现在众多创业型企业募集资金的重要渠道之一，有的众筹平台还会定期举行实地项目路演，让投资者可以与创业者进行交流，进一步了解项目的情况，最后再决定是否进行投资。

第二，众筹的收益。

说到收益问题。如果投资者投资的是产品众筹，那么最后投资者便能以低于市价的价格购入一款产品。如果投资者投资的是股权众筹，那么这就好比是投资了一家还未上市的公司，投资者可能亏得分文不剩，但也有可能因公司的成功而收获巨大的回报。